乗ろうよ！ローカル線

貴重な資産を未来に伝えるために

浅井 康次
Asai Koji

交通新聞社新書 014

はじめに

国鉄赤字ローカル線の廃止、第三セクター鉄道の誕生から四半世紀が経過しました。沿線人口の減少、少子高齢化や道路整備など旧来の要因に加えて、最近では、マネーゲームが産んだ金融不況や新型インフルエンザの流行、更には高速道路の割引制度導入など、異質で複雑な要因によって地方公共交通を取り巻く環境はきわめて厳しいものとなっています。鉄道路線の廃止は毎年のように続き、大手私鉄やJRの支線からの撤退・廃止や、国鉄から承継した第三セクター鉄道の廃止も珍しくなくなってきました。「クルマから公共交通へ利用を促進し温暖化防止を」「トラックから鉄道へモーダルシフト」という掛け声も地方圏の鉄道には何のメリットも与えてくれないように思えます。もうこれ以上、地域のそして国民の貴重な財産である鉄道を失いたくない、それでは路線の維持・活性化・再生を図るためにはどうすればよいのでしょうか。

本書はこのような危機感から、ローカル線の現状と将来展望を主として近年の動向・運営・施策面から取りまとめたものです。まず第1章で、ここ20～30年間におけるローカル線に関する重要な事項、廃止各線の経緯等について述べ、第2章では、鉄道廃止の問題点や存続へ向けてヒントとなる最近の再生事例を紹介しました。ただ私は、政策金融という固い仕事を生業としてきたせいかとかく数字で解説しがちで、一般の読者の方々には面白くない文脈になってしまいます。そこで第3章として、実際の鉄道経営を担っておられる現場の方からの生きた論考を、第三セクター鉄道等協議会の会員誌から掲載させていただきました。そこには逆境にめげず、あらゆる英知を結集して収支の向上・路線の活性化へ向けたひたむきな努力が日夜続けられ、自治体や沿線住民の方々との連携を強めつつ、篤い励ましを受けながら、地域と共に将来に向けて邁進しようとする熱意と希望が満ちています。

ところで路面電車はここ十数年来、環境問題への意識の高揚等から見直され、欧米並みの本格的なＬＲＴの導入についても富山市においてはじめて実現しました。しかし、法規制や高い運行コストから経営は想像以上に厳しいものがあり、現実に近年でも廃止に至る路線がみられます。またケーブルカーや遊園地にアクセスするモノレールなどの観光鉄道につきましても近年廃止が続いており、クルマの増加に伴う環境破壊や参詣客・行楽客減少に伴う地域の活力が損なわれることが懸念されます。そこで本書では、路面電車と観光鉄道も広義のローカル線として各々章立てて解説することにしました（第4章、第5章）。雄大な立山黒部アルペンルートの開発経緯や関係者の多大な労苦につきまして、立山黒部貫光（株）から貴重な情報を提供していただいております。

はじめに

鉄道はレールと駅舎を擁する立派な社会資本です。またその地域にとって歴史・社会・文化そのものであります。クルマ社会の進展とともにその役割は縮小の途を辿って参りましたが、その役割は決してゼロにはなりません。読者の皆様がローカル鉄道などの公共交通に関心をお持ちいただき、また一度でも多くご利用いただくこととなれば幸甚であります。

平成22年新春　著者しるす

乗ろうよ！　ローカル線——目次

第2章　ローカル線の運営と展望

第3章　”三セク鉄道だより“から（第三セクター鉄道等協議会）

第5章　がんばれ　観光鉄道

第1章

ローカル線のいま

ローカル線とその歴史

あいまいな定義

ローカルと聞いて皆さんは何を思い浮かべるでしょうか。短くカラフルで可愛らしい車両でしょうか、渓流や紅葉などの美しい沿線の風景でしょうか。それとも素材を活かした美味しい駅弁でしょうか。このようにローカル線のイメージは人によって千差万別で、その定義も固定したものではありません。ここでは、とりあえず、地方旅客鉄道（以下「地方鉄道」という）を指すものとします。

地方鉄道とは、国による民鉄の機能別分類によりますと、旅客の地域輸送を主として行う民鉄線（高速軌道線および同一経営の付属貨物線を含む）で、大都市高速鉄道および観光鉄道以外のものをいうものとされています。そのため、高速でない軌道線である〝路面電車〟や、貨物収入が運賃収入の8割以上を占める〝貨物鉄道〟は地方鉄道ではなく、また、民鉄ですから旧国鉄グループであるJR各社は含まれません。

路面電車は、東京都や京都市など大都市でも路線がありますが、表定速度はすべて時速30キロ未満で高速ではなく大都市高速鉄道に属さないという点では地方鉄道と同じです。なお、表定速度とは、ダイヤから算出する停車時間等を考慮した平均走行速度をいいます。鉄道と路面電車は、準拠法が違うことと、走行する線路が列車の専用軌道か自動車等との併用軌道（道路）かの違いなので、存続の危機にあるという点では広義のローカル線として同等に扱うことが相応しいと考えています。そのため第4章で別途とりあげることとしました。

JRにもローカル線はたくさんありますが、路線別のデータは平成15年度（2003）までは公表されていませんでした。そこで、地方鉄道に類似するJR三島会社（JR北海道、JR四国、JR九州の3社）については、なるべく比較対照するように心がけています。

なお、大都市高速鉄道は大都市通勤圏等の旅客線とされています。そこでいう大都市通勤圏とは、首都交通圏、京阪神交通圏および中京交通圏、ならびに札幌、北九州および福岡の各交通圏における平均的通勤範囲（おおむね1時間もしくは45分以内）をいいます。

地方鉄道には、黒部峡谷鉄道や嵯峨野《さがの》観光鉄道あるいは大井川鐵道のように、実質的に観光鉄道（ケーブルカーなど、第5章でとりあげています）に類する路線も含まれています。一方で、旅客輸送も行っている水島臨海鉄道が貨物鉄道とされ、かつては貨物専用であった鹿島臨海鉄道は現在、地方鉄道に区分されています。このように、鉄道統計による地方鉄道の定義は多分にあいまいな点があり、他の分類に属さないガイドウェイバスやスカイレール（後述、58～59ページ参照）などの新輸送システムが含まれていたりもします。

路面電車でも、環状7号線の交差点以外は全線専用軌道を走る東急世田谷線が路面電車とされている一方で、江ノ島～腰越間が併用軌道である江ノ電が鉄道とされているなど、明確に区分されているとはいえませんね。

事業者と路線長

ローカル線は、過疎化の進展やモータリゼーションの波に押され、廃止・縮小の途を辿ってきました。

現在、日本の鉄道は路線延長2万7000キロほどありますが、そのうち地方鉄道線は3200キロほど、率にして12パーセントです。ちなみにJRは7割強を占めています。輸送量でいいますと、トータルで年間3900億人キロを運んでいますが、地方鉄道はその僅か0・8パーセントを占めているに過ぎません。鉄道事業者数では、全国で200社ほどありますが、地方鉄道事業者は平成21年（2009）4月現在92社となっています。

既存のローカル民鉄が廃止される一方で、昭和59年度（1984）から平成2年度（1990）にかけて、国鉄再建法により廃止対象とされた旧国鉄の特定地方交通線（赤字ローカル線）を承継した路線（以下「転換路線」という）および旧・鉄道建設公団（現・独立行政法人 鉄道建設・運輸施設整備支援機構）が建設した地方新線を引き受けた路線・会社が新たに地方鉄道に加わりました。そのため、事業者数、営業キロとも32社、１３６０キロも増加しています。これらは、すべて第三セクターを含む民間の事業者です。

地方鉄道・軌道に関する近年20～30年間の主要事項を表1-1にまとめました。中には明るいニュースもありますが総じて暗い時事が多く、ローカル線を巡る事態は年々深刻さを増していることがわかります。先ず筆頭に国鉄赤字ローカル線の廃止と第三セクター鉄道の誕生をあげなければなりません。

国鉄再建の経緯

かつて国鉄は莫大な赤字を計上し続け、健保、米と並び３Ｋと呼ばれるほど、国家財政の悩みの種となっていました。国内での旅客・貨物の輸送シェアは早くも昭和30年代には減少をはじめ、東海道新幹線が開業した昭和39年度（１９６４）から単年度赤字に転落、55年度（１９８０）以降は毎年1兆円を超える損失を計上し、雪だるま式に累積赤字を増加させていました。一般には貨物輸送部門と地方交通線（ローカル線）の構造的な赤字がその主因とされていましたが、その根底にあるのは国鉄の経営形態、具体的には次の3点にあったといわれています。まず、国鉄の

表1-1　地方鉄道に関する近年の動向

1980	S55	国鉄再建法・施行令－赤字ローカル線廃止決定
1984	S59	第三セクター鉄道の誕生－三陸鉄道開業
		平成2年まで3次転換完了　38線区1300kmが存続へ
1990	H 2	整備新幹線並行在来線－政府与党申し合わせ
1991	H 3	信楽高原鐵道、列車衝突で42名死亡
1997	H 9	国、欠損補助制度を打ち切り
1998	H10	初の並行在来線誕生－しなの鉄道開業
2000	H12	改正鉄道事業法施行－廃止は届出制に緩和
2001	H13	京福2度目の事故、運行休止・撤退表明へ
		琴電、経営破綻・再生法申請
2002	H14	加越能鉄道、三セク万葉線として再生
		地球温暖化対策推進大綱決定
2003	H15	国、「地方鉄道復活のためのシナリオ」公表
		三セクえちぜん鉄道、京福電鉄越前本線・三国芦原線を承継
		JR西日本、可部線の一部を廃止
		近鉄、北勢線を三岐鉄道に移管
2004	H16	国、「鉄道を元気にするベストプラクティス集」公表
		国、地方鉄道支援先を選別強化へ
2005	H17	南海、貴志川線撤退→岡山電軌支援へ
		JR西日本、宝塚線で脱線大事故
		のと鉄道能登線廃止－転換三セク初の廃止
2006	H18	国、鉄道技術基準の政令改正
		JR東日本、燃料電池車両開発発表
		JR富山港線廃止→富山ライトレール開業
2007	H19	近鉄、養老線と伊賀線を分社化
		地域公共交通活性化再生法施行
		いすみ鉄道、茨城交通で社長公募
		九州新幹線長崎ルート並行在来線でJR運行継続合意
2008	H20	再生法に鉄道再構築事業を追加、上下分離方式支援へ
2009	H21	1000円高速実施、民主新政権、高速道無料化うたう

予算・運賃等の決定には国会の議決を要することとなっていたため、国鉄の経営者としての裁量・自主性に乏しかったことがあります。次に全国一律の運賃体系です。これは、都市部において私鉄やバスとの競争力を失い、地方圏においてはローカル線の赤字を拡大させたとされています。3つ目は、政府介入が強いことの反面として〝親方日の丸〟的意識が強かったこと。つまりサービス精神に欠け、モラールが低下していました。そして、常に政府や国会を向く経営陣への不信等から生まれた労使関係の極度の悪化があげられます。

国鉄は、昭和44（1969）、48（1973）、52（1977）年度にそれぞれ経営改善計画を策定しましたがいずれも挫折しました。そして昭和55年（1980）12月、「日本国有鉄道経営再建促進特別措置法（国鉄再建法と略す）」が公布されたことを受けて、国鉄は昭和56年（1981）5月に新たな経営改善計画を策定し、ローカル線対策を含む要員合理化、資産処分、投資の抑制等を実行に移しました。国鉄再建法では、ローカル線の範囲、廃止・転換手続等が詳しく規定され、またローカル線の運賃・経理を幹線と区別して行うこととしており、線区別採算主義が明確に打ち出されています。その後、第二次臨時行政調査会の答申や国鉄再建監理委員会の審議等を経て、昭和62年（1987）4月に国鉄の分割民営化が実行され、旅客6社と貨物1社のJRグループが誕生し、今日に至っているわけです。

ローカル線廃止の基準

昭和55年（1980）、56年（1981）の国鉄再建法、同施行令は、原則として輸送密度によって路線の取扱いを存続もしくは廃止に区分していました。輸送密度とは1日・路線長1キロメートル当たりの輸送人数のことで、「輸送人キロ÷営業キロ÷日数」により算出します。たとえば、「20キロの路線を端から端まで1日あたり1000人が片道乗車した場合」の輸送密度は、

1000人×20㎞÷20㎞＝1000人／日

です。またこのケースで、各人が10キロだけ乗車したとすれば、

1000人×10㎞÷20㎞＝500人／日

となります。すなわち、輸送量を当該線区全体にわたってならした時の平均断面交通量ともいえ、輸送効率を表すものと考えてください。とかく政治勢力の介入しやすい鉄道路線の廃止問題を、輸送密度という客観的な指標をもって存廃の基準としたことは当時としてはやむを得ない措置であり、妥当なものであったと思われます。

国鉄再建時においては、輸送密度が8000人／日・キロを路線採算の目安とし、それ以上の路線を幹線として存続。それ未満でも4000人／日・キロ以上の線区はバスより鉄道輸送が経済的であるため、鉄道存続を図るものとされました。この8000人という数字は、国鉄の経営

表1-2　国鉄再建法におけるローカル線の取扱い（原則）

輸送密度	区分		路線の存廃
8000人／日km以上	幹線		採算黒字路線（存続）
4000人／日km以上	地方交通線		採算赤字でもバスより経済的な路線（存続）
2000人／日km以上	地方交通線	特定地方交通線	３次選定路線（廃止）
2000人／日km未満	地方交通線	特定地方交通線	１・２次選定路線（速やかに廃止） １次選定基準： 輸送密度2000人未満+30km以下の行き止まり線 輸送密度500人未満+50km以下

による計数でなく民間並みの合理化を図ったものとして理論的に算出されています。

　さて、輸送密度が４０００人／日・キロ未満でかつバス転換が可能とされた85線区・３３１０キロ（当時の国鉄路線長の14パーセントに相当）は、特定地方交通線と称して速やかに廃止するものとされました。しかし、これはあくまで原則であって、豪雪地帯の路線や並行する道路がない路線等はバス転換が難しいということから、輸送密度がいかに低くても廃止対象とはされませんでした。

　その「バス転換が困難な路線」は、

①最混雑区間片道１０００人／時以上
②代替道路未整備
③代替道路積雪不通10日／年以上
④平均乗車キロ30キロ／人超かつ輸送密度１０００人以上

の４つの基準が設けられ、当時全国で50線区・４３３０キロが存在し、特定地方交通線より路線長は長かったわけです。しかしながら、その後の道路網の整備や沿線人口の減少などから、現在はバス転換が可能となっている線区は多いものと考えられ、路線の存続は安泰とはいえない状況にあります。

第三セクター鉄道の誕生

特定地方交通線のバス等への転換は、採算の悪い線区から順に3次に分けて実施されましたが、鉄道存続の意志が強い自治体主導で38線区、廃止対象路線の約4割に相当する1311キロが、鉄道（事業者数33社）として存続を果たしました。そのうち、青森県内の2路線（国鉄大畑線と国鉄黒石線）は下北交通と弘南《こうなん》鉄道という既存の民間2社に承継され、他の31社は新設の第三セクターとして承継されました。これらの転換路線を、一般に〝第三セクター鉄道〟と呼んでいます。

また、国鉄再建法の施行当時、旧・鉄道建設公団が建設中で工事が中断されていた路線もありました。そのうち15線区・約500キロは、ハイレベルな新線もしくは地域産業・観光・通勤通学に資するものとして工事が再開され、完成後は第三セクターに承継されました。これらの公団新線と呼ばれる路線も、転換路線に準ずるものです。以上をあわせると、路線延長1808キロ、事業者数39（現在は廃止されている路線を含む）に達し、地方鉄道全路線長の過半を占めるに至

表1-3　転換路線および公団地方線の概要

区分		線区数	路線長(km)	転換時期	主要路線
転換路線	1次選定	18	327	昭和59年4月～昭和63年3月	三陸鉄道、いすみ鉄道、明知鉄道
	2次選定	11	671	昭和61年11月～平成元年6月	北海道ちほく高原鉄道、長良川鉄道
	3次選定	9	313	昭和63年1月～平成2年4月	のと鉄道、平成筑豊鉄道、山形鉄道
	合　計	38	1311		
公団新線	地方新線	13	434	昭和59年4月～平成14年7月	鹿島臨海鉄道、智頭急行、野岩鉄道
	幹　線	2	63	昭和63年1月～7月	阿武隈急行、愛知環状鉄道
	合　計	15	497		

＊「数字で見る鉄道」等をもとに筆者作成

っています。いまや転換路線は、ローカル線を語る上で主流というべき存在なのです。

転換路線、公団地方新線に対しては、特定地方交通線転換交付金、特定地方交通線転換運営費補助および地方鉄道新線開業費補助の3つの補助制度と設備の譲渡・貸与に関する特典、税制上の減免措置が設けられました。つまり、かなり潤沢な〝手切れ金〟と、スムーズな移行のための特典が用意されたのです。

並行在来線問題

最近では、整備新幹線の開通・延伸に伴うJR在来線の民鉄化が「地方鉄道」の範ちゅうに加わることになりました。これは、平成3年度（1991）予算折衝時、平成2年12月24日政府・与党の「北陸、東北および九州新幹線は建設に着工…

東北新幹線の延伸に伴なって在来線を承継したＩＧＲいわて銀河鉄道

…着工区間の並行在来線は開業時にＪＲの経営から分離すること」という申し合わせ等によるものです。すなわち並行在来線は典型的な生活路線で、北陸・東北地方は積雪地帯でもあり事実上バス転換が難しいため、県を筆頭に沿線自治体などが出資する第三セクターでＪＲ路線を承継・運営しているのです。

平成９年10月の北陸（長野）新幹線の部分開業と同時に並行在来線を第三セクター化して承継した、しなの鉄道（軽井沢〜篠ノ井間65・１キロ）が「並行在来線」の第１号であり、さらに平成14年12月には東北新幹線の延伸（盛岡〜八戸間）に伴い、ＩＧＲいわて銀河鉄道（盛岡〜目時《めとき》間82・０キロ）と青い森鉄道（目時〜八戸間25・９キロ）が在来線を引き受けるべく誕生しました。平成16年３月に部分開業した九州新幹線においても、第三セクターの肥薩《ひさつ》おれんじ鉄道が設立されています。

並行在来線は、ＪＲ経営時には特急列車も走行するなどハイレベルな線区が多く、そのため保守関係経費がかさみます。その上、新幹線との競合、利益率の高い特急列車の喪失など、経営環境は極めて厳しいものがあります。さらに、旧国鉄の転換路線でも公団地方新線でもないため、前述のような開業設備費補助や欠損補助もしくは設備譲渡・貸与の特典の制度がありません（ＪＲから譲渡された資産にかかる税制優遇措置はある）。鉄道施設についても、ＪＲとの交渉によって有償で購入しており、借入金利や減価償却費といった資本費の負担が経営に重くのしかかっているのです。

並行在来線の輸送サービスも、ＪＲ運行時より低下することが懸念されています。新駅の設置や列車の増発が実施されている一方、運賃は従来と比べて大幅に値上げされており、特に通学生にとっては大問題です。また、将来の単線化や非電化なども想定されます。

東北新幹線の延伸に伴って並行在来線の経営を担った青森県と岩手県では支援スキームが異なっています。青森県は、県自らが第三種鉄道事業者となって施設を保有・管理し、青い森鉄道が第二種鉄道事業者として運行する「公設民営」型の〝上下分離〟のスキームを採用しました。このように鉄道の運営と施設の保有が分離されている形態を上下分離といい、「上」は車両とその運行、「下」はレールや電気設備等を指すことが多いのですが、車両が「下」に区分されることもあります。なお通常の施設保有と運営を同じ事業者で行っているものを第一種鉄道事業者と呼んでいます。上下分離方式は苦境が続くローカル線存続の切り札です。

さて、青森県側の初期投資額はJRからの購入額に追加投資が約3億円かかりましたがすべて県が負担し、車両購入費は青い森鉄道が負担しました。岩手県では、IGRいわて銀河鉄道が施設を保有し運営する従来型のスキームです。JRからの購入額はすべて県が負担し、追加投資約40億円を県といわて銀河鉄道が折半しました。

九州新幹線の部分開業では、旅客需要が少なく東北本線以上に厳しい経営が予想されたため、第三セクターを立ち上げること自体が想像以上に難航したと聞いています。最終的には、熊本県、鹿児島県、沿線10市町およびJR貨物の共同出資で肥薩おれんじ鉄道(株)を創設し、在来線を承継しました。既存4社の整備スキームは沿線自治体によってオーダーメイド、つまりバラバラです。

もともと新幹線の整備は全額国鉄予算でまかなわれ地元負担はありませんでしたが、国鉄分割民営化翌年の昭和63年(1988)、費用負担割合を「国35、JR50、地元15」とする政府与党合意ができ、平成8年(1996)には「国2/3、地元1/3」と地元負担は増えました(JR

は受益の範囲内で線路使用料を支払う）。

九州新幹線長崎ルートでは並行在来線の扱いを巡っては一部の地元自治体が反対したため、一悶着ありました。平成16年（２００４）12月の政府・与党申し合わせで、並行在来線となるＪＲ長崎本線の肥前山口～諫早《いさはや》間のＪＲからの経営分離について地元の調整を条件として着工が認められていましたが、県が反対する自治体を説得できなかったため、着工はメドが立たなくなっていました。ところが平成19年（２００７）末に長崎・佐賀両県知事とＪＲが開業後20年間は運行を継続することで合意、〝経営分離ではない〟ため地元との合意は不要ということから、長崎ルート（武雄《たけお》温泉～諫早間）は平成20年（２００８）４月にようやく着工に至りました。並行在来線の鉄道設備は両県がＪＲから14億円で購入する上下分離方式を採用する予定と聞いています。経営分離の原則が崩れたことは地元にとって喜ばしいことと思われますが、更に、平成21年（２００９）12月には、前原国土交通大臣が「現在のあり方はＪＲのリスクが少ない。並行在来線の経営責任を自治体だけでなくＪＲにも負うよう求める」考えを示し、整備新幹線問題検討会議で決定されたことは注目に値するでしょう。

最近の動向

誤った規制緩和

さて年表にもどってローカル線を取り巻く最近の動向の話を続けましょう。平成12、13年は地方鉄道史に残る象徴的な出来事が起きた年です。12年（2000）には規制緩和を受けた改正鉄道事業法の施行により、廃止が大臣許可から届出制に緩和されました。端的にいうと、地元との調整がつかなくとも、事業者の判断で届出すれば1年後には撤退できることとなったのです。これにより予想された以上に鉄道休廃止の流れが加速しました。翌年には、異例な2つの〝事件〟が発生。京福電鉄・福井鉄道線の2度目の衝突事故と高松琴平電鉄の破綻です。前者は十分な安全対策投資が行えない事業者の厳しい経営の現状を裏付けましたし、後者に至っては、本業を死守するための関連事業（デパート）への社運を賭けた投資が失敗に終わった結果ともいえます。この世紀の変わり目を境に情勢は混沌としていくのでした。

追い討ちをかける天災

台風や地震が世界各地で相次いでいますが、近年の異常気象など自然現象も少なからず鉄道への影響を及ぼしています。平成16年（2004）10月新潟県中越地震が発生し、走行中の上越新幹線「とき３２５号」が脱線。一部報道が「安全神話の崩壊」と揶揄したものの、幸いにして一人の負傷者も出ませんでした。翌年９月の台風14号は九州南部を直撃、ただでさえ苦しい経営にあった高千穂鉄道を廃線に追いやってしまいました。観光協会等が新会社を設立し、被害の比較的軽かった高千穂〜日之影温泉間の観光列車再開に向けて努力を続けていましたが、結局廃止になってしまいました。続いて12月にはＪＲ羽越本線を走行中の特急「いなほ」が山形県庄内町で脱線事故を起こし死者５名を出しました。局地的な竜巻による突風が原因とみられています。

相次ぐ事故に伴う監査の強化

近年の特徴として、前述した京福・福井鉄道線の２度の事故の他にも大きな事故が相次いでいることがあります。ローカル民鉄に属する路線だけでも、平成３年（１９９１）５月に信楽《しがらき》高原鐵道の列車が単線区間でＪＲの直通乗入快速列車と正面衝突し、42名が死亡したのに続き、翌年６月には関東鉄道取手駅にて列車が暴走、死者１名・重軽傷者２５０名以上を出しました。最近では17年（２００５）３月に、土佐くろしお鉄道宿毛《すくも》駅構内で特急列車が駅舎に突入、運転士１名が亡くなっています。

同年４月25日に発生したＪＲ西日本宝塚線（福知山線）尼崎駅付近の脱線事故（死者１０７名、重軽傷者５００名以上）が社会に与えた衝撃は極めて大きく、安全面での対策はもとより事業者のガバナンスの不備、社風までもが追及されました。宝塚線の事故は急カーブでの大幅な速度超過が主因ですが、国は18年（2006）3月末に鉄道技術基準の省令を改正し、曲線などへの速度超過防止機能付き新型ATSの設置、運転士の急病など異常時に自動的に列車を停止させる装置の設置、速度やブレーキなど運転状況を自動記録する装置の設置を義務づけたのです。さてここで問題となりますのは、これらの一部事業者の重過失により、直接には関係のない他の事業者に多大な負担が及ぶことです。さいわい家田仁東大教授を座長とする技術検討委員会の配慮で、低速かつ運行本数の少ないローカル路線においては当面の適用義務化は猶予されました。一方で負担増に耐えかねて「いずれ地方鉄道は消滅の時期を迎えるのでは。道路特定財源を鉄道にも使えるような制度が必要だ」との声も聞かれました。しかし国は「あくまで鉄道事業者が自己責任で設備投資するのが基本。経営の厳しい鉄道には近代化補助制度の範囲で支援するが、当然、地元も応分の負担をすべき」という態度を崩しませんでした。

私が思うに、通常予期し得ない本件のような異常事態に伴う緊急措置は、事業者の負担のみに帰することは過酷であり、安全・保安面における整備強化は、たとえば〝上下（分離）〟でいう最も〝下〟に属する国民共有のインフラとして、国の責任においてなされるべきものと考えます。

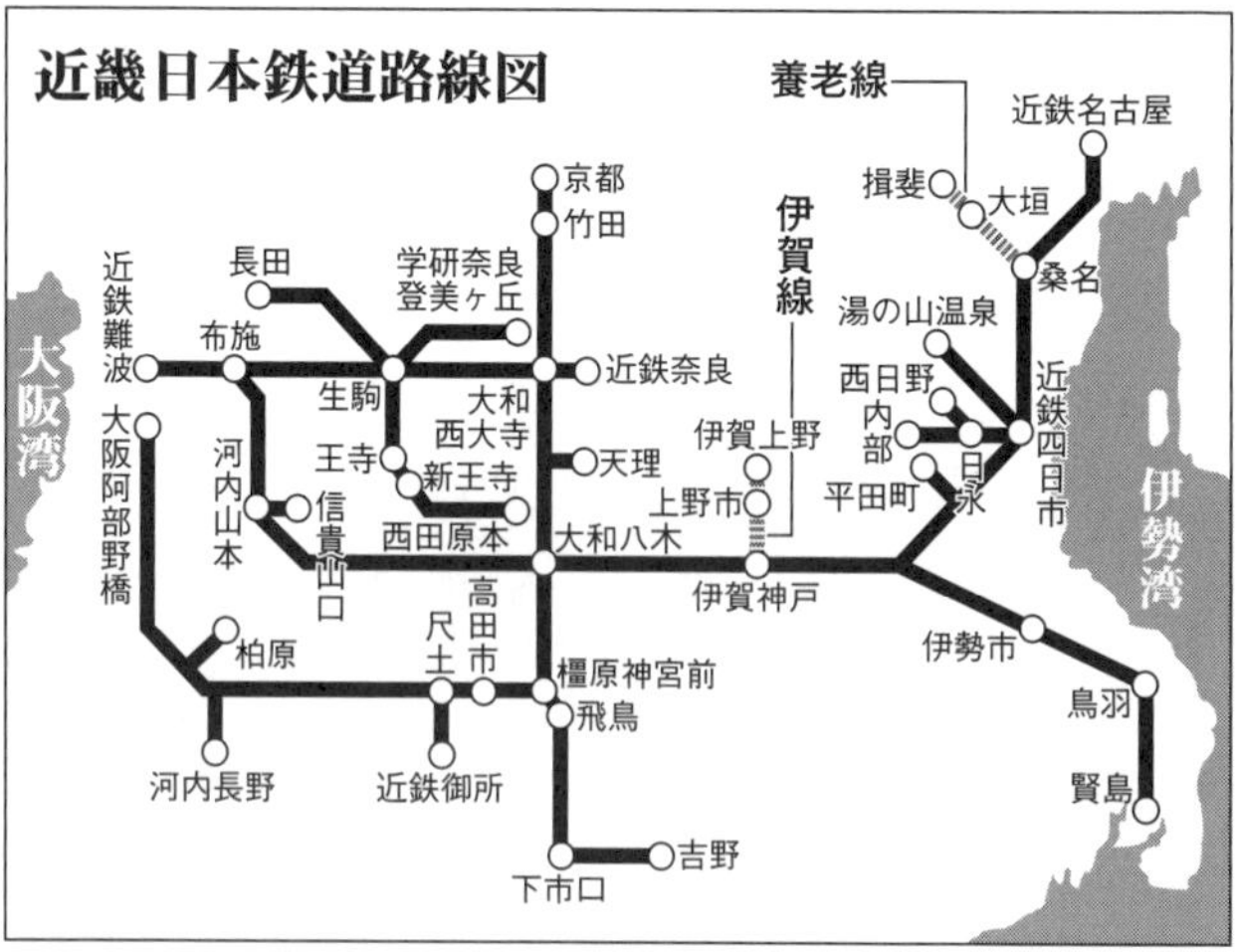

近畿日本鉄道路線図

この手があったか、近鉄の分社化

平成19年（２００７）10月には、近鉄が同社の養老線（桑名～揖斐《いび》間57・５キロ）、伊賀線（伊賀上野～伊賀神戸《かんべ》間16・６キロ）を分社化し、近鉄の出資によってそれぞれ養老鉄道（株）、伊賀鉄道（株）として開業・承継しました。同社は既に平成15年（２００３）に北勢線から撤退、三岐《さんぎ》鉄道が承継していますが、ローカル枝線の本線からの分離が加速しています。両線とも輸送人員はピーク時の半分程度に減っており、輸送密度は３０００人台で、ワンマン運転や駅の無人化などを進めてきましたが、それぞれ14億円、４億円の経常赤字（18年度）を出していました。近鉄は16年度（２００４）から沿線自治体、中部運輸局と検討を重ね、同社が車両を含め土地・施設を保有する第三種鉄道事業者となり、それを借り受け運行する第二種鉄道事業者として2社を新設したわけです。近鉄が施設を保有するのは、施設の維持・保守のノウハウが活かせる他、資産を譲渡すると新会社の負担が重くなるからでしょう。伊賀鉄道では近鉄保有株式の一部を伊賀市に譲渡しましたが、第三セクターとしての発足は実現しませんでした。しかしながら、沿線自治体は期限付きの財政支援を行っています。

大手民鉄が赤字枝線を保有することには、「一事業者につき一つの運賃体系」というルールがあるため、閑散路線であっても特別な運賃設定ができないこと、中小民鉄に適用される輸送高度化事業費補助などの適用が大手にはないなど、〝大手には大手なりの苦しさがある〟（野口満彦近鉄副社長・養老鉄道社長）というわけです。

分社化によって「より地域に根ざした鉄道ができた。企画切符や近鉄にはない定期券の設定などいろいろなアイデアが出てくるようになり、社員のモチベーションが向上した。沿線市町が利用促進キャンペーンの実施や鉄道を利用したイベントを開催するなど真剣に取り組んで下さっている」（野口氏）と様々な効果が現れ始めているようです。伊賀鉄道でも忍者のイラストを描いた「くノ一」電車が走り、伊賀線応援団も結成されて、同線を観光資源として活用しようと邁進中です。

運賃アップなどのマイナス面もありますが、近鉄が廃止を選択せず、分社化という存続の途を模索し実現に導いたことは、今後ＪＲを含む大手事業者の枝線の存続活性化につながることが期待されます。

地域交通再生法はローカル線の救世主となるか

鉄道事業法の改正についいては、鉄道だけを例外視できない運輸行政全般に係わる規制緩和の一環ですから、国を責めることはできません。しかし平成17年度（２００５）からの「地方鉄道等の活性化に関する基本方針」には問題が多いように感じられました。再生計画策定を前提とする支援先の選別強化によって、設備の近代化補助すらその要件が厳しくなったからです。また計画のフォローアップによって「改善が期待できない場合は支援を継続しない」とされていたため、市場原理が通用しないローカル線区においては更なる地方鉄道の廃止を加速する結果を招きかねない懸念がありました。

平成19年（２００７）10月に施行された「地域公共交通の活性化及び再生に関する法律」により、地域の協議会に対して多様な事業をパッケージで一括支援する仕組みができ、鉄道増便などにかかる費用やイベント列車の運行費、ボランティア活動経費など従来補助の対象外であったソフト面での助成措置が盛り込まれました。更に1年後、同法の改正で新たに事業再構築として「公有民営」形の上下分離方式等に対する支援措置が追加されました。自治体が鉄道資産を買い取り鉄道事業者へタダで貸すことによって事業者の収支は大幅に改善されることとなります。その際、インフラ部分の取得費は全額起債により、設備投資に対する自治体負担分には特別交付税を充当する枠組みを創りました。更に事業者に対する設備近代化補助（輸送高度化事業費補助に改称）は補助率をアップし、従来の赤字要件を撤廃。しかも、上下分離にかかる国の許可基準のうち〝事業採算性に係るものを適用しない〟ことにより、実施を可能にする特例つきです。

この改正によって、事業者の独立採算制を堅持してきた日本の地域公共政策は大きな転換点を迎えたといっても過言ではないでしょう。私は機会あるごとに、ローカル線に対する国レベルの支援、とりわけ平成9年度（1997）をもって打ち切られた運営費に対する補助の復活を訴えてきましたが、所詮ダメモトと内心あきらめていました。ですから、国が態度を大幅に転換するとは夢にも思っていなかったのです。従来どおり、ボールは地方に投げられた格好になっていますが、予算や税制に加え、起債や交付税措置も講じており、現時点において「国としてできるだけの支援は全てやってくれた」のではないでしょうか。

平成21年（2009）6月26日、地方自治体の職員や事業者の方々を対象にした国主催の研修会の講師の一人として、中部運輸局で本省の皆さんと共演しましたが、そこで主催者が最後に「従来の方針を改め、これからはしっかりと支援します」と明言されたときは感無量でした。改正を受けて、現在まで適用が決定したのは福井鉄道、若桜《わかさ》鉄道および三陸鉄道の3社です。

おそろしい高速道路無料化

国が、市場原理主義の支援先選別強化から、採算を許可基準としない明確な支援体制に方向転換したのも束の間、新たな驚異が待ち受けていました。

支持率低下に悩んでいた末期の自公政権下、平成21年（2009）春から土日祝日高速道路上限1000円という地方圏の活性化を謳った政策が実行され、行楽地へ向かうマイカーの利用が激増し、公共交通機関は大打撃を受けています。フェリーでは廃業する会社も出ており、鉄道もJRですらかなりの乗客減を余儀なくされています（コラム参照）。更に8月、高速道路原則無料化を選挙公約に掲げた民主党が政権を奪い、平成22年度（2010）から段階的に進め24年度（2012）からの本格的実施を目指して、地方圏から準備のための社会実験を行おうとしています。

新聞報道によりますと、平成22年度は37路線50区間1626キロが無料化の対象となり、対象外区間には新たな上限料金制を導入するとのことです。今回の無料化実験区間は、「渋滞が起きにくい」「他の公共交通機関への影響が少ない」基準で選定されたということですが、たとえば北近畿タンゴ鉄道と競合が予想される舞鶴若狭《わかさ》道なども含まれており、今後、対象路線が増えれば影

ＪＲ７社の要望書　平成21年10月30日

「高速道路の原則無料化」について（要望）

平素は、私どもＪＲ各社の業務運営に関しまして格別のご高配を賜り、厚く御礼申し上げます。

さて、高速道路料金の無料化施策について、さる10月2日、国土交通省鉄道局長あて、広範かつ慎重なご議論をいただくことをお願いする要望書を提出させていただいたところです。

その後、国土交通省の平成22年度概算要求において、「高速道路の原則無料化に向けた取り組み」として６０００億円が計上されました。「高速道路料金の段階的な無料化に向け、交通の変化、渋滞の発生、地域への経済効果等に関する影響を把握するため、無料化の試行などの社会実験を行うための関連経費」とされているものの、本施策について様々な問題点が指摘されているなか、必要な議論が不十分なまま性急に進められていくことを危惧しております。特にＪＲとしては、以下の２点が大きな問題と考えております。

まず第一に、既にＪＲ各社は、「高速道路土日祝日上限１０００円」施策により大きな影響を受けています。（財）運輸調査局が主催する「高速道路料金引き下げに関する研究会」が、本年9月28日にとりまとめた報告では、全国の土日祝日における鉄道利用者（主に新幹線や特急列車をご利用される方）の６・６％が自家用車に転換したと推計されており、ＪＲ旅客6社の試算では、全体で年間約２５０億円の減収が見込まれているところです。今後「高速道路の原則無料化」が実施されることになれば、単純に土日祝日上限１０００円の影響が全日に拡大するとしても、ＪＲ６社全体で約７５０億円の減収ということになります。ＪＲ貨物においても、「高速道路の深夜割引拡大」により既に年間約40億円の減収が生じていると推計され、無料化が実施されれば更に40億円を超える減収額が加わると見込まれます。

　JR各社は発足以来、鉄道ネットワークの維持・充実に向け経営努力を重ねてまいりました。しかし、「高速道路土日祝日上限1000円」施策の影響により、既にご利用の少ない列車の短編成化などを実施している会社もあります。今後無料化が実施されれば、運行本数の削減、ひいては路線の休廃止なども検討せざるを得なくなる事態も想定され、地域の足として、私どもが担うべき社会的役割を果たせなくなることを憂慮しております。

　また、鉄道のみならずフェリー会社やバス会社など、生活インフラとしての公共交通機関の経営にも深刻な影響が及んでおり、航路の休廃止や路線バスの減便などが進んでいます。「高速道路の原則無料化」により、現在一定のバランスの上に成り立っている我が国の交通体系が大きく崩れる恐れがあります。

　第二に、「高速道路の原則無料化」は、環境政策との整合性に欠ける施策といわざるを得ません。「高速道路料金引き下げに関する研究会」報告によれば、「高速道路土日祝日上限1000円」施策により、CO_2排出量が年間204万トン増加すると試算されています。無料化された場合には、CO_2排出量が更に増大することは確実です。現政権は「CO_2排出量を2020年までに対1990年比で25%削減する」という極めて高い目標を掲げており、物流部門を含め一層のモーダルシフトの推進が求められるなかで、本施策を実施することについては、時代に逆行しているものと考えます。

　以上により、「社会実験」のあり方も含め、必要な議論が十分尽くされていないなかで、「高速道路の原則無料化」を実施することについては、見送っていただくようお願い申し上げます。

響はより深刻になるでしょう。

ＢＮＰパリバ証券の河野龍太郎チーフエコノミストは、「財政が厳しい中で高速無料化の優先度がどこまで高いか疑問だ。選挙にらみの政策で財政が悪化し、将来世代の選択肢を狭めてしまう危険性がある。ムダの節減を唱えておきながら不必要な政策を進めてはいないか。そもそも温暖化ガスを25パーセント削減する目標と高速道路無料化は整合性がない。やるべきことは環境に優しい輸送機関への振り替えではないか。」と日本経済新聞（２０１０年2月3日付）で指摘していますが、まさに同感です。

相次ぐ廃止

最近の廃止状況

地方鉄道の廃止状況を表1-4に示しました。改正法施行から現在までの10年間です。表以前にも、蒲原《かんばら》鉄道（新潟県、平成11年10月、4・2キロ）、新潟交通（新潟県、平成11年4月、21・6キロ）、弘南鉄道黒石線（青森県、平成10年4月、6・2キロ）、野上電気鉄道（和歌山県、平成6年4月、11・4キロ）、下津井電鉄（岡山県、平成3年1月、6・5キロ）などが全線廃止されており、北陸鉄道（石川県、昭和61・62年、白山下～加賀一宮間ほか22・7キロ）、熊本電気鉄道

表1-4　近年の廃止状況（カッコ内は路線長km）

平成21年	北陸鉄道石川線・一部（2.1）
平成20年	三木鉄道（6.6）島原鉄道南線（35.3）高千穂鉄道（50）
平成19年	くりはら田園鉄道（25.7）鹿島鉄道（27.2）西鉄宮地岳線・一部（9.9）
平成18年	北海道ちほく高原鉄道（140）神岡鉄道（19.9）
平成17年	のと鉄道能登線（61）名鉄岐阜市内線他（35.2）日立電鉄（18.1）
平成16年	名鉄三河線・一部（25）
平成15年	有田鉄道（5.6）ＪＲ西日本可部線・一部（46.2）
平成14年	南部縦貫鉄道（20.9）長野電鉄木島線（12.9）京福電鉄永平寺線（6.2）
平成13年	名鉄八百津線・竹鼻線他（30.8）下北交通（18）のと鉄道七尾線・一部（20.4）
平成12年	西鉄北九州線（5）

（昭和61年2月、御代志《みよし》～菊池間13・5キロ）などでは路線の一部が廃止されています。

平成11年（1999）の鉄道事業法改正により、事業の廃止要件が大臣許可から届出制で済むこととなり、沿線自治体の同意がなくても事業者の判断で原則廃止できることになりました。この法改正は、運輸政策全般にわたる規制緩和の流れを受けたものです。規制緩和は、一般には新規参入を促し、市場での競争を通じて業界を活性化させますが、マイカーの普及した地方圏においては、地方鉄道の廃止に一層の拍車をかけるものでしかありませんでした。この結果、改正法が施行された12年度（2000）以降、地方鉄道の廃止・縮小が急増し、転換路線の廃止も見られるようになりました。

廃止路線の共通点

さてこの表から、廃止された路線の共通点を見出せないでしょうか。私は5年前に書いた著書の中で、「短い路線長、産業鉄道の名残、人口集積地へのアクセス難、低い輸送密度」の4点をあげました。当時は下津井から有田までの11路線を対象とした概説でしたが、この10年間、法改正以降の廃止状況は、転換路線やJR、台風による被害に伴う廃止等があって路線長については修正が必要です（前著では、廃止時点で概ね20キロ未満、と書きました）。路線一部の縮小にとどめず、一気に長路線を廃止しやすくなったといえるかも知れません。その点、名鉄や北陸鉄道のように、閑散地区から順次縮小していくやり方は地元に対する配慮や公益企業としての社会的責任が認められるのではないでしょうか。一般的には、人の移動距離と選択する輸送モードとは自ずと関係がありますので、一定の距離がないと鉄道特性を発揮できなかったと考えられます。数キロであれば歩けるし、地形が平坦であれば5キロぐらいなら自転車、それ以上でもバイクなどで移動できます。少なくみても5キロ以下は鉄道を利用する必然性はなく、10キロ以下でもバイクやバスで足りましょう。国鉄再建法においても、廃止第一次選定路線の基準として30キロ以下もしくは50キロ以下という一つのラインが引かれていました。

産業鉄道とは、日本の工業化が進展した明治期から大正期にかけて、石炭や石灰石・セメントなどの開発・積み出しを目的として作られたもので、いわゆる産炭鉄道や臨港鉄道などが該当しますが、1960年代以降はトラック輸送に代替されその地位は大きく低下しました。また、昭和59年（1984）の国鉄貨物輸送縮小のあおりを受け、貨物輸送を止めざるを得なかった路線が多かったのです。旅客需要の乏しいローカル鉄道としては、虎の子である貨物を失い、旅客だけが残された段階で廃止を待つしかなかったかも知れません。表では、有田（みかん）、鹿島（燃料）、神岡（濃硫酸）、くりはら田園（鉱石）が該当します。国鉄再建時においても、幹線の基準の一つに貨物輸送密度が4000トン／日・キロ以上という規定が設けられていました。

人口集積地へのアクセスが弱い点は今回もあてはまると思います。ただ、モータリゼーションの深度化で集客施設の郊外移転が進み、鉄道沿線の熟度が希薄化してしまったことが原因というべきかも知れません。これはレールを基盤とする鉄軌道の宿命ともいえます。それゆえ、今一度、人を中心市街地へ回帰させるべく鉄軌道の役割が期待されているのです（第4章「路面電車でまちづくり」参照）。

輸送密度については、赤字路線を兼業など他の収益部門で支え続けたとしても、どこまで耐えられるかという一つの限界点です。廃止直前の輸送密度をみると、有田や神岡は2桁、他の路線も名鉄の支線などを除くと3桁台、つまり1000人未満で、状況は同じです。

事故で廃業した京福福井線

京福電気鉄道の廃線の歴史は古く、昭和39年度（1964）に赤字計上・無配となったことから、再建の一環として不採算路線を廃止し始めました。平成4年（1992）、同社は永平寺線を含む23・1キロの鉄道廃止を表明しましたが、沿線自治体による財政支援策の構築を受けて運行を継続していました。ところが、平成12年（2000）、13年（2001）と相次いで発生した列車の正面衝突事故により、国土交通省の指示を受けて全面運休に陥ったのです。1回目はブレーキ故障、2回目は信号見落しという人為的ミスが原因とみられていますが、いずれも保安設備が完備していれば防げたといいます。同社は、設備改善にかかる費用負担の重さなどから自社による運行再開を断念し、これを期に再び鉄道事業からの撤退を表明しました。これを受けて関係自治体が協議を重ねた結果、越前《えちぜん》本線と三国《みくに》芦原《あわら》線は新設する第三セクター「えちぜん鉄道」に引き継ぎ、支線で標高差もあって再開への投資額がかさむ永平寺線は廃止し、バス転換することを決めました。三セクに承継された2線も、2年余りの運行停止期間を経て、平成15年（2003）10月に全線運転を再開しました。休止中の代替バスではピーク時の輸送力が足りず、積み残しが発生、高校生の遅刻が常態化しました。そのため私たちはこの2年間を〝負の社会実験〟と呼んでいます。民間事業者が撤退した鉄道路線を廃止に任せず、新設の第三セクターで承継することは、当時としては、路面電車の万葉線を除けば比類なき事例であり、再生の先発組としてその功績は非常に大きいものがあります（第2章「鉄道再生先発組の功績」参照）。

平成18年4月20日　“卒業日を迎えた”ふるさと銀河線

最後の"鉄道員"逝く

表外ですが、旧国鉄黒石線を引き継いだ弘南鉄道黒石線（川部～黒石間6・2キロ）は既に平成10年（1998）4月に廃止されています。下北交通、のと鉄道能登線、北海道ちほく高原鉄道、神岡鉄道、三木鉄道および高千穂鉄道もともに国鉄転換路線の廃止です。のと鉄道七尾線についてもJR西日本から移管された路線の一部廃止であり、地方線の存続がいかに難しいかを物語っています。弘南鉄道と下北交通が廃止となったとき、「純民間会社で承継した2路線はさっさと廃止してしまった」という声もあったやに聞いていますが、盲腸線で廃止を待つしかなかった下北交通の大畑線はともかくとして、弘南鉄道は鉄道営業損益では非転換路線を含めればわずかながら黒字を計上していたので、一理あるかも知れません。しかし、いずれも廃止予定であった不採算路線を15年間も延命させたこと自体、大きな社会的評価に値すると思います。

平成18年（２００６）４月20日、この日の前から新聞やテレビ等で取り上げられることが多かった北海道ちほく高原鉄道は、愛称を〝ふるさと銀河線〟という道内では唯一存続された国鉄転換路線（池北《ちほく》線１４０キロ）でした。同線は明治44年（１９１１）国鉄網走《あばしり》本線として開通、開拓を支えて来ましたが、廃坑やモータリゼーションが進み昭和40年代から乗客が減少。特定地方交通線として廃止の対象とされましたが、平成元年に第三セクターとして再出発しました。しかし過疎化の進展などから平成2年度（１９９０）１０２万７０００人あった乗客も15年度（２００3）に50万人を割り、減員などリストラを進めてきたものの、筆頭株主である道の意向でこの日を迎えたわけです。16年度（２００４）の輸送密度はわずか２４２人。そしてこの日限りで、国鉄時代から数えて95年、三セク会社として17年の歴史に幕を閉じたのでした。最終列車の出発をＮＨＫがリアルタイムで地上波全国放映しました。17年（２００５）3月末限りで廃止された名鉄岐阜や日立電鉄の時には全国レベルでは殆ど取り上げられなかったのに対し、異例でしたが実に温かい見送りであったと思います。そこには廃止を目前にしても親のように通学生を気遣う車掌や一人何役もこなす鉄道員（ぽっぽや）の姿がありました。番組では〝卒業日〟というタイトルで語られていたものの、車掌の井取さんの言葉のようにこの鉄道には進級も就職もなく、あるのは空しさだけです。通学手段を失い既に下宿した高校生もいるということでした。鉄道施設撤去費用として約50億円もの基金を残して140キロもの全線廃止に至ることに疑問も感じました。税金等の負担や踏切など道路交通の障害物の排除という主旨でしょうが、最終列車が出たその日のうちに急いで撤去する差し迫った必要があるとは思えません。また画面に映る駅舎を見る限り、皆大変立派な造りです。これを廃線後どう活用するのでしょうか。同社は18年（2006）6月の株主総会で解散を決議、会社自体も消滅してしまいました。

みんなで支えるという思い

国鉄赤字ローカル線廃止から25年が経過した平成17年（2005）3月に、のと鉄道が旧能登線から撤退するまで、第三セクター鉄道新設31社は全て承継した路線を維持し支えてきました。経営が苦しい中、他社も耐えているのだから自分達も頑張るという〝皆で支える〟という潜在意識があったものと思います。多くの先達が守り国鉄から受け継いで来た大切な地域の資産です。その義務感・使命感は相当強かったものと察します。

有田鉄道の川村昌彦社長から「浅井さん。私らにとって隣の野鉄（野上電気鉄道、日方《ひかた》～登山口間、平成6年3月末で廃止）が倒れたことが精神的に大きな打撃でした。一緒に支え合い励まし合って来たんです。ですから、当社も鉄道線が廃止された今は、紀鉄（紀州鉄道、御坊～御坊西間2・7キロ）に〝できる限りの協力はするから困ったことがあったら何でも言うてや〟といつも言ってるんです」と聞いたことがありました。私は、北海道ちほく高原が逝って緊張感が一気に途切れ、バタバタと後を追う第三セクター鉄道が出てくることを懸念していました。映像の記憶はすぐに視聴者の記憶から薄れていくでしょうが、この日を後世に伝えたいと思ったのです。

しかし、この後も転換路線の廃止は続きました。

神岡鉄道（旧国鉄神岡線猪谷《いのたに》～奥飛騨温泉口間19・0キロ）は平成18年（2006）11月末の運行を以て廃止されました。同路線は神岡鉱山からの危険物（濃硫酸）安定輸送のため昭和59年（1984）秋に第三セクターが承継しましたが、その貨物営業がトラック・タンクローリーに切り替えられ16年（2004）末で終了。鉄道収入の7～8割を喪失し廃止のやむなきに至ったものでした。

兵庫県の三木鉄道（旧国鉄三木線厄神《やくじん》～三木間6・6キロ）の存廃問題は、政争の具とされました。平成18年（2006）1月、三木市長選で廃止を公約に掲げた元・県の行政改革担当課長をつとめた藪本氏が当選、粛々と手続きをすすめ、20年（2008）春に過去帳入りしてしまいました。私は廃止前に一度試乗していますが、正直このとき廃止もやむなしか、との印象を受けました。常々「鉄道はバスと異って、インフラ・社会資本だから」と言ってきましたが、田んぼの中を走る短い単線、厄神と三木駅以外は実に簡易な駅舎で、これでバス転換に抗う資本性があるといえるかと自問したことを覚えています。しかしながら一度失ったものは二度と戻りません。そこがバスとの違いです。そういう点では鉄道の廃止は人間、しかも多くの人間が一度に死ぬのと同じだと思います。

涙の名残乗車

名鉄は、平成13年（2001）10月、輸送密度2000人未満の岐阜県内の鉄道4支線、すなわち谷汲《たにぐみ》線（黒野～谷汲間11・2キロ）、揖斐線の一部（黒野～本揖斐間5・6キロ）、八百津《やおつ》線（明智～八百津間7・3キロ）および竹鼻線の一部（江吉良《えぎら》～大須間6・7キロ）を廃止しました。これらは地方鉄道に区分されていないものの、実質的なローカル鉄道路線であり、特に路面電車区間である岐阜市内線と直通運転を実施していた揖斐線の末端線区の廃止は、路面電車の運行にも影響を及ぼすことが予想されました。

路面電車について、すでに平成11年（1999）4月に第三セクターの長良川《ながらがわ》鉄道（旧国鉄越《えつ》美南《みなみ》線）と並走する関～美濃《みの》間6キロを廃止していましたが、平成14年（2002）10月、岐阜県内の架線電圧600ボルトの全路線の廃止を沿線自治体に打診しました。これらの路線の輸送

営業最終日、揖斐線美濃北方駅にて（安藤浩孝氏提供）

密度（平成14年度）は２０００人／日・キロ程度で、国内路面電車のなかでは万葉線に次いで低く、揖斐線も２４５０人で、これらの路線だけで収入の２倍以上もの莫大な営業赤字を出していたのです。

もともと岐阜市は、路面電車が現存する都市のなかでは人口集中地区の人口密度が低く、世帯当たりの乗用車保有率が高いエリアであり、公共交通のインフラ基盤としてはかなり脆弱です。その上、岐阜市や警察など行政側が自動車優先の施策を採っており、クルマやバスには優しいが市内電車には厳しいと言われていました。代々の首長が昭和42年（１９６７）12月市議会決議「岐阜市内線撤廃」が現在まで有効という認識なのでしょうか、路面電車には常に冷淡であったような気がします。たとえば、円滑な自動車交通に支障を来すという理由から、併用区間の停留所には安全島は設置されず、路面に乗降場所を示す色塗りが施されただけでしたので、乗り降りには非常に危険が伴ないましたし、併用軌道部分の全区間が自動車〝軌道敷内通行可〟となっていたため、電車はクルマやバスに行く手を阻まれて定時性が阻害されていました。かつて一世を風靡した東京都電が、昭和34年（１９５９）に警視庁が軌道敷内通行可の措置を採ったことで急速に衰退への途を辿ったことはよく知られています。そのため結局のところ、利用者はクルマや乗降が安全でしかも速いバスに逸走していったのでした。

一方、名鉄は、すでに昭和40年代から岐阜市の都市構造のスプロール化に対応して、揖斐線（６００ボルト鉄道線）と市内線（６００ボルト軌道線）、美濃町線（６００ボルト軌道線）と各《かか》務原《みがはら》線（１５００ボルト鉄道線）の直通運転を実施し、岐阜市および近郊市町と岐阜都心を直通するという利便性の高い運行を行ってきました（岐阜市の道路併用区間がネックとなり折角の直通運転も効果が発揮できませんでしたが）。鉄軌道直通運転については、近年、ドイツのカールスルーエ市のＬＲＴ（Light Rail Transit・高規格型路面電車）がドイツ国鉄へ直通運転を開始し、〝カールスルーエモデル〟として有名になりましたが、名鉄は岐阜で30年以上も前から実施してきたのです。車両についても、国内メーカーとして初めて部分低床車８００形を開発。国内で需要の大きい単車のＬＲＶ（Light Rail Vehicle／ＬＲＴで使用される新型高性能車両をいう）を美濃町線に投入し、また少ない利用者のわりには運行頻度を高く設定するなど、事業者としてできる努力は惜しみませんでした。

名鉄は平成16年（2004）3月、岐阜県内600ボルト線区の廃止届け・許可申請を提出しましたが、5月下旬に堅実経営で知られる岡山の路面電車事業者・岡山電気軌道が支援の意志を示したほか、フランスの会社が路線承継を打診するなど、存続・再生への動きがみられました。沿線市町による対策協議会が、水面下で上下分離方式での存続を模索し、同社と交渉を重ねた結果とも聞いています。ところが、7月下旬、存続の鍵を握る岐阜市の細江市長が財政負担等の理由から存続を断念したため、平成17年（2005）3月末、ついにLRTとしては未完のまま94年の歴史に幕を閉じたのでした。

思うに、環境の21世紀において、路面電車を有効活用できずに廃止に任せたことは時代に逆行し、非常に残念な結果になってしまいました。名鉄が育んできた600ボルト線区を、より魅力のあるモードとして再生を図ろうとする意志が、市長の態度からは、少なくとも私には全く伝わってきませんでした。

ところで名鉄岐阜市内線等の存廃問題は、かねてからの〝路面電車・LRTブーム〟がその真価を問われる試金石でもありました。多くの識者・研究者が〝まちづくり〟という美名の下、欧米のLRTを賞賛し、また各地の新設構想に浮かれていました。そのうちどれだけの人が事業者の苦労、名鉄の苦悩を本当に理解していたでしょうか。平成17年（2005）3月中旬、廃止直前に私は、偶然にも関市に出張が入ったので「これでお別れができる」とほくそ笑み、全線の名残乗車を果たせましたが、そこで1年前にはなかった真新しいコンクリート製の架線柱と保線工事に勤しむ大勢の職員の姿をみました。それは廃止を目前にしても揺らぎない〝プロフェッショナル魂〟でした。

失われた昭和の原風景

日立電鉄（鮎川〜常北太田間18・1キロ）は、平成15年（2003）10月、16年度限りで廃止する方針を表明しました。長引く不況や製造業の空洞化などから、日立グループの企業城下町である沿線の通勤客が減少を続け、平成15年度の乗客は161万人とピークの昭和36年度（1961）の4分の1まで落ち込んでいました。私は、多くの通学生が懸命の存続運動を行っている姿をテレビで度々観ましたが、中高生が、自分たちの通学の足を確保するため、貴重な時間を割いているのは実に気の毒に思いました。彼らに罪はなく、責任は大人の側にあるからです。事態を重くみた常陸太田市では、市のホームページで、同社に代わって日立電鉄線を運行する鉄道事業者を募集するなど熱意をみせましたが、沿線自治体の足並みが揃わず、17年（2005）3月末

応援団の活躍もむなしく廃止になったかしてつ（高橋政士氏提供）

で廃止に至ったのでした。

北海道ちほく高原鉄道やこの日立電鉄などの例では、自治体が存続を断念するのは少し早すぎるような気がしてなりません。日立ではディーゼルカー化し、通学便だけでも運行できる術はなかったのかとつくづく悔やまれます。

同じ茨城県の鹿島鉄道（石岡～鉾田《ほこた》間27キロ）は、平成18年（2006）3月関東運輸局に廃止届を提出しました。親会社の関東鉄道が、前年8月開業したつくばエクスプレスの影響から、鉄道線のみならず高速バス部門が大打撃を受け、同社への支援継続が出来なくなったためでした。鹿島鉄道は、平成13年（2001）まで年間1億円以上の収入があった航空自衛隊百里基地へのジェット燃料輸送がパイプラインの老朽化からトラックに取って代わられたため、沿線自治体からも財政支援を受けていました。神岡鉄道のケースと同じくモーダルシフトが喧伝される下、実に皮肉な話です。同社は18年（２００６）８月から東京ディズニーリゾート入園券などが当たる懸賞付き通学定期券の取扱いを始め、対策協議会では沿線高校の校長にバイク通学自粛を要請するなど、通学定期客の確保に最後の望みをつなぎましたが、所詮、遅すぎました。沿線には県立小川高校をはじめとする中学や高校の生徒達が「かしてつ応援団」という支援団体を結成し、署名活動や存続を願って手首に巻くブルーバンド運動など懸命の存続運動を行っていました。私は日立の二の舞にしたくないと思い、関係各方面に次のような陳情書を提出していましたが予想されたとおり梨の礫に終わりました。

ところで、近年の地方鉄道・路面電車の相次ぐ廃止に心を痛めておりましたところ、県内におきましても、昨年春には、多くの通学生の必死の存続運動や常陸太田市の事業者公募などの努力にもかかわらず、日立電鉄という貴重な社会資本を喪失してしまいました。

茨城県は、かつての和歌山県のように多くの地方民鉄路線を擁するローカル線の宝庫でもありましたが、このまま鉄道路線の廃止が進みますと一層の過疎化や市街地の空洞化が進み、地域社会そのものの衰退に繋がる懸念がございます。鹿島鉄道は、首都圏に最も近い〝昭和の原風景〟であり、その存続の意義は単なる採算性のみで語ることはできません。

しかしながら、沿線自治体の厳しい財政状態を鑑みますと、財政支援の継続は困難になりつつある実情は首肯せざるを得ないものと思われます。

他方で、各種支援団体の具体的活動や存続への気運醸成、存廃に係るアンケート調査、鉄道事業再生計画などの策定にはある程度の時間を要します。また今後は、各層・各階において署名・募金活動、広報・PR活動を行って参る必要もあると考えられます。南海電鉄貴志川線のように、事業者による廃止届が提出された後、マスコミの好意的な報道等に支えられスポンサーを獲得し存続を果たした希有な例もございますが、本件のケースはこのまま推移致しますと極めて短時日に廃止の途を辿ることが予想されます。

従いまして、三位一体での存続体制が整うまで若干の時間を頂戴いたしたく、事業者(および親会社関東鉄道)による廃止届提出を(例えば1年)延期するべく要請して頂きますようご検討のほどお願い申し上げる次第であります。


同線は応援団の活躍むなしく廃止届けから1年後"予定通り"廃止されてしまいました。

必死の努力もむなしく廃止になったくりはら田園鉄道（1990年7月、第三セクター化前に撮影。楠居利彦氏提供）

その他の鉄道

鉄道事業法改正後、ＪＲグループでは初めてＪＲ西日本が可部線の一部、可部（広島市）～三段峡（戸河内《とごうち》町＝現在は安芸太田町）間46・2キロを平成15年（２００３）11月末の運行をもって廃止しました。同社は平成10年（１９９８）に廃止の方針を打ち出した後、地元の要望で2度にわたる増便運行を試行しましたが、輸送密度は５００人／キロ・日程度とＪＲの存廃基準とされた輸送密度８００人を下回ったため、廃止のやむなきに至りました。北陸新幹線の金沢延伸時には、並行するＪＲの複数の路線が廃止されるとの推測もあるようです。

宮城県と沿線5町は、くりはら田園鉄道（石越《いしこし》～細倉マインパーク間25・7キロ）に対して、３８０0万円の定額財政支援を実施してきました。5町は補助期限が切れるため、平成15年（2003）10月、存続を望むものの最終判断を県に一任した結果、県は「16、17年度は半額の1900万円、18年度はバス転換見合いのみを補助して打ち切る」方針を示しました。同鉄道はこの方針を受けて平成19年（2007）3月末を以って廃止となりました。大正7年（1918）に蒸気の軽便鉄道として発足した同社は、亜鉛や鉛を産出する鉱石輸送を主力に発展しましたが、プラザ合意後の円高不況を受けた非鉄金属の採算悪化から、細倉鉱山は昭和62年（1987）に閉山となり、貨物輸送はなくなりました。さらに細る旅客輸送に対しても、国の欠損補助制度の打ち切りが追い打ちをかけたのです。親会社の三菱金属は、保有株式を5町に無償譲渡し、同社は平成5年（1993）に第三セクター化され再出発しました。その後、平成7年（1995）には設備の老朽化から電化路線に気動車を走らせるなどして必死に頑張った。同社は、実に5回も社名を変えながら、懸命に時代を生き抜いてきたのでした。

平成17年（2005）4月には、大阪の水間《みずま》鉄道（貝塚～水間間5・5キロ）が負債140億円を抱え会社更生法を適用、事実上倒産するという事態が起きました。南海電鉄系で地方鉄道に分類されていますが大都市圏近郊路線であり、輸送密度は約4000人、鉄道営業損益でも黒字を出していたので驚いたわけです。聞くところによれば関西空港開業効果を目論んだバブル期のマンション投資負担が重荷になったといいます。再建のスポンサーとなったのは意外にも、うどん・そばチェーンを経営するグルメ杵屋でした。同社の支援により僅か1年で更正手続きは終了、18年（2006）6月、新たなスタートを切りました。和歌山の紀州鉄道が東京のリゾート開発会社をスポンサーとして私的再建を果たしたのは有名ですが、鉄道と全く縁のなさそうなところに救世主はいるものですね。

島原鉄道の南線（島原外港～加津佐《かづさ》間35・3キロ）の廃止については忘れることはないでしょう。廃止の直前の平成20年（2008）3月21日、NHK長崎放送局から依頼を受けて「廃止か存続か、どうなる県民の足」という趣旨の番組に生出演したからです。私はもちろん存続派、他に、同じ長崎県の第三セクター鉄道・松浦鉄道の社長、南島原市で病院を経営する現役の医師がいました。その泉川さんという医師は、多忙な中にも、老人の通院の足を守るべく熱心な存続活動を行っておられ、頭が下がる思いでした。対する廃止派には、早稲田大学の教授、在京のジャーナリストおよび県営バスを運営する交通局の方が対峙。結局のところ、時間が短い割には出演者が多いうえに白熱した議論にもいたらず、放映中に視聴者からFAXを受け付けていましたが、ご覧になられた方々には物足りなかったのではないでしょうか。同線は平成2年（1990）11月、雲仙普賢岳噴火の後、被災復旧を繰り返し、平成5年（1993）4月に発生した土石流によって島原外港～深江間が約4年にわたって不通となりました。復旧後は、トロッコ列車の運行を始めたほか、ワンマン化、委託駅の無人化などの合理化を図る一方、企画切符発売による割引、朝夕の増便、JRとの接続改善に努めてきました。まさに苦難の途を歩んできたのです。ですから私は事業者が悪者にされたまま番組が終了することだけは避けたいと思い、最後に「事業者も給与などコストをここまで切り詰め今まで頑張ってこられたのだから、事業者だけを責めるのはどうかと思います」と発言した記憶があります。また、私を含めて東京からわざわざ3人も高い旅費を払って出演させていることに少々疑問を感じました。少なくとも1人は地元の学識経験者を出演させるべきでしょう。長崎の3カ月後、今度はNHK福井放送局から、福井鉄道再生の件での出演打診がきましたが、福井大学工学部の先生を推薦し辞退しました。

現時点で最新の廃止は、北陸鉄道石川線の鶴来《つるぎ》〜加賀一宮間2・1キロです。今はもうやめましたが、私には獣肉喰いの悪趣味があり、イノシシはもちろんのことツキノワグマの鍋もよく食べていました。10年ほど前、熊鍋を目当てに北陸鉄道を利用し終点の加賀一宮で下りると、目指す宿・志良山荘は徒歩の距離で、熊刺し、熊鍋を堪能したものです。加賀一宮駅には、これより先、白山下まで鉄道が延びていたことを示す標識があったのを覚えています。加賀一宮〜白山下間は昭和58年（1983）の洪水で大日川橋脚付近の岩盤が崩れて運行不能となり、一旦は再開したものの翌年再び運休となって、結局そのまま廃止を迎えたということです。東日本のクマに対し、イノシシは西日本の山里の旅館では冬場、鍋物として出されるのはごく一般的です。私が、ボタン鍋を目的に利用した地方鉄道は、長良川鉄道（郡上八幡）、樽見《たるみ》鉄道（谷汲口）、養老鉄道（美濃高田）、北条鉄道（北条町）などがあります。イノシシは近年、耕作放棄地の拡大や温暖化の影響から個体数が増えたり、生息域が北上するなど社会問題化していますが、その反面、大都市近郊でも食べられるようになりました。

普通鉄道ではありませんが、中京圏の新交通システムである桃花台《とうかだい》新交通（愛称：ピーチライナー）が平成18年（2006）9月末を以て廃止されています。同線は愛知県や小牧市などが出資する第三セクターで平成3年（1991）に開業、小牧〜桃花台東間7・4キロを15分で結んでいました。県が中心となって開発したニュータウンの足として期待されていましたが、ニュータウンの入居が伸び悩んだことや名古屋都心への公共交通機関の整備の遅延等から、利用客は当初の予想を大きく下回り、平成17年（2005）3月末で64億円の累積赤字を抱えていました。県などで有識者による検討会を設置し、将来像を探ったものの、黒字化は困難と判断し廃止に至ったということです。

新しい輸送モード

以上暗い廃止の事例ばかり述べてきましたが、地方鉄道にも新規開業が僅かながら存在します。平成14年（2002）10月、成田空港地区において芝山鉄道（東成田〜芝山千代田間2キロ）が開業。紀州鉄道を抜いて日本一短い鉄道となった同鉄道は、都心まで80分ということで地方鉄道とされました。また、平成15年（2003）8月に開業した沖縄都市モノレール（愛称：ゆいレール、那覇空港〜首里《しゅり》間13・0キロ）、19年（2007）3月に開業した仙台空港鉄道（空港アクセス線、名取〜仙台空港駅間7・1キロ）も地方鉄道となっています。いずれも空港アクセス改善のための鉄道で、逆にいえばこのような特定の目的のための新設しかないのが実情です。しかし地方空港の経営難も深刻化していますし、最近ついに北海道で空港の廃止という事態が起こりました。一方、ガイドウェイバスとスカイレールという今まで日本に存在し

スカイレール「みどり坂線」

ガイドウェイバス「ゆとりーとライン」

なかった新しい輸送モードが誕生し、地方鉄道の仲間入りを果たしています。

ガイドウェイバスは、バスと新交通システムの中間需要に対応すべく、路線バスと軌道、それぞれの利点を組み合わせた新しいモードです。平成13年（2001）3月に名古屋ガイドウェイバス「ゆとりーとライン」が開業しました。渋滞の多い名古屋市大曽根～小幡緑地間6・5キロは高架専用軌道上を走行し、他は一般道を走行します。なお、同社は名古屋市他が出資する第三セクターです。専用軌道上では、車両の前輪と連動する案内装置で支持される（その間はハンドル操作は不要）ほかは軽油で走るバスそのもので、定員も75人です。その区間は軌道法の適用を受けるため〝鉄道〟の範ちゅうに含まれており、表定速度も規制上限の時速30キロジャストで走ります。思うに、インフラなどにせっかくキロ当たり約50億円もの金をかけているのですから、特認を受けて連接バスを高速で走らせるなど、もう一工夫欲しいと考えます。

スカイレールは、新交通システムの技術にロープウェイの機動性を取り入れた短距離交通システムで、路線に高低差がある地形や導入空間の限定された場所において有効であるとされています。平成10年（1998）8月、広島市安芸区《あき》に開業した「みどり坂線」（1・3キロ）は、スカイレールサービス（株）により、ニュータウン「スカイレールタウンみどり坂」へのアクセス手段として建設されました。このニュータウンは、平成元年に着工された計画人口1万人の団地で、JR山陽本線瀬野駅と団地最奥までの高低差が190メートルという勾配の厳しい地形にあります。そのため、クルマ中心の発想を転換し、このシステムが採用されたのです。外見はロープウェイに酷似しており、中央コンピュータの制御により7・5〜15分間隔で走行、1両の定員は25名。公共交通機関なので索道と異なり、運賃も安く（150円均一）、運行本数も多くなっています。このような新モードへのチャレンジが純民間で行われていることには敬意を表すべきで、多くの人に乗ってもらいたいと思います。

第2章　ローカル線の運営と展望

設備面からみたローカル線

線路

ここでは施設面から地方鉄道を眺めてみましょう。まず軌間（ゲージ）です。2本のレールの間の距離をいいます。国際的な標準は1435ミリで、標準軌と呼ばれており、全世界の鉄道の6割を占めています。新幹線は標準軌ですが、JRの在来線や多くの私鉄は1067ミリの狭軌を採用しているため、日本国内ではこれがスタンダードとなっています。狭軌は標準軌に比べると安定性や速度に劣りますが、これはクルマでもトレッドが広い方が高速安定性に優れるのと同じです。一方、狭軌は広軌に比べて建設費が安価で敷設が容易という利点があります。かつての軽便鉄道は、ナローゲージと呼ばれる762ミリが主流であり、国鉄への乗り入れの関係で多くの路線で1067ミリへ改軌されました。平成21年（2009）7月現在、地方鉄道93路線のうち、標準軌を採用しているのは6路線（芝山鉄道、箱根登山、叡山《えいざん》電鉄、広島電鉄、高松琴平、筑豊電鉄）で、山岳鉄道である黒部峡谷鉄道（762ミリ）を除く全路線が1067ミリの狭軌を採用しています。ナローゲージで有名な近鉄北勢線（西桑名～阿下喜《あげき》間20・4キロ）が、一旦廃止を表明しながらも、沿線自治体などの尽力もあって隣の三岐鉄道が承継し、存続にいたったことは特筆すべきことです。

線路形態が単線か複線かという点では、93路線のうち全線単線が70路線あります。全線が複線となっている路線は、新交通システムと整備新幹線並行在来線のほか、4路線（静岡鉄道、東海交通、広島電鉄、筑豊電鉄）のみです。線路の勾配については、鉄道構造規則により、機関車牽引列車以外で最急35パーミル（水平1000メートルに対して高さ35メートル）と定められていますが、箱根登山鉄道の80パーミルがレールと車輪の摩擦力に頼る粘着運転の実用限界といわれています。また、歯条軌条併用のラック式運転では大井川鐵道井川線の90パーミル区間がありまず。ちなみに、ガイドウェイバスで100パーミル、LRTでは70パーミル程度が現在の実用限界ではないでしょうか。

動力

鉄道の動力の変遷は、世界的には〝蒸気→ディーゼル→電化〟の段階を辿っており、日本の旧国鉄では比較的早く電化にいたりました。電車は、外部から給電するため動力効率が優れており、動力効率（動力源のエネルギーに対して動輪周引張りエネルギーの比率）は、蒸気機関車が10パーセント以下、ディーゼル車両で20パーセント台、電車にいたっては30パーセントと向上します。ディーゼルと比較した場合の電化のメリットとしては、輸送コストの低減（動力費、キロメートル当たりの保守費が各々約2分の1）、速度の向上が図れる、排気ガスがないためトンネルの多い区間の走行や地下化が可能でクリーンである、運転制御が容易である、こと等が挙げられる一方、システムが広範で複雑になり、設備費が高いという欠点もあります。電化路線では、非電化路線には不要な送配電線などの電路設備、変電所や変圧器などの諸設備が必要となるからです。少し古くなりますが、国鉄動力近代化調査委員会の報告によると、往復で70〜80回以上の運行頻度の鉄道が電化に有利であるとしていました。

従って、地方鉄道のように旅客需要が少なく、列車密度が低い路線では非電化に利点が多いケースもあり、くりはら田園鉄道（前社名は栗原電鉄）のように、車両・変電所など設備の老朽化から電車の運行を軽気動車に切り替え、電化路線を非電化にした路線もありました。名鉄八百津線でも経費を抑えるため電化路線に気動車を走行させて路線の延命につなげました。

電化方式は、直流電化と交流電化に分かれます。旧国鉄・ＪＲグループは、直流電化をベースにしながら、北海道・東北・北陸・九州地方の在来線と新幹線で交流電化方式を採用しています。交流方式は、直流に比べて変電所等の地上設備に要する投資が少なくて済む（直流１５００ボルトの3〜4割減）などのメリットがあるといわれています。しかし、最近ですが直通運転の関係で、ＪＲ西日本では交流電化区間（北陸本線長浜〜敦賀間および湖西線永原〜敦賀間）を逆に直流に変更した例もみられます。

地方鉄道93路線のうち、電化路線は57（会津鉄道など一部区間のみ電化路線を含む）で、非電化路線が36です。国内全鉄道の電化率は約6割で、全世界では2割強といわれています。

電化方式は、ＪＲ東北本線との直通運転の関係から阿武隈《あぶくま》急行、仙台空港鉄道および並行在来線3社（しなの鉄道は直流）が交流で、他はすべて直流方式であり、電圧は１５００ボルト、次いで６００ボルトとなっています。秩父鉄道、真岡《もおか》鐵道、大井川鐵道ではイベント・観光客誘致のため蒸気機関車を走行させています。ＳＬの運行には特別な資格が必要なことや経費もかかることなどから、沿線自治体などが運行費の支援を行っていることが多いようです。

保安システム

鉄道では、ある区間を定めて、そこに1列車しか走行できないようにすることで追突・衝突を避けており、この区間を閉そく区間と呼んでいます。閉そく区間で自動的に列車を検知し、信号機と連動させた方式を自動閉そくといい、現在ではほとんどすべての複線路線で採用されています。地方鉄道では、単線路線が多いこと等から〝物〟を使った初歩の方式である通票方式（スタフ式、タブレット式、票券式）を採用している路線が、93路線中12路線あり、そのうち8路線では全線で採用されています（平成20年4月現在）。昔はタブレット交換をみて「大人になったら鉄道の運転士になりたい」と憧れた子供が多かったのですが、そのような閑散路線は次々廃止され今ではほとんど見られなくなりました。

保安度という点において、列車制御システムの発展段階は、〝自動信号→ATSやATC〟の順になります。ATS（Automatic Train Stop：自動列車停止装置）とは、進行方向前方の信号機が停止信号を現示していることを列車に伝えるもので、線路内に置かれる地上子と車両側で受信する車上子という機器から構成されます。ATC（Automatic Train Control：自動列車制御装置）とは、前方を走行中の列車との距離や線路状況等によって、定められた速度を超過しないように自動的にブレーキがかかり、適正速度を保って走行させるための装置です。ATO（Automatic Train Operation：自動列車運転装置）はさらに進んだ無人運転のシステムになります。

地方鉄道の場合、93路線のうちATSを設置しているのは76路線（一部のみ設置を含む）であり、ATCを設置しているのは2路線（広島高速、沖縄都市モノレール）のみです。

鉄道技術をどう伝えるか

保安面に関連して鉄道事故や技術伝承の問題について少し言及したいと思います。IGRいわて銀河鉄道の大内孝也取締役運輸部長（第三セクター鉄道等協議会安全対策専門委員会委員長）は、事故の特性につき次のように述べています。「事故の発生には、あるサイクルで起きる場合

（周期性）とひとたび事故が発生すると類似した事故が多発する傾向（伝播性）があります。前者は季節ごとのこともあれば、社会的な構造の中で起きる場合もあります。後者には〝事故は事故を呼ぶ〟という格言があります。保守作業関連事故や輸送障害が続発したため、全社あげた取り組みを実施している会社もあります」

また人の問題も深刻です。大内さんは「２００７年問題と呼ばれる団塊世代の大量退職時代を迎え、熟練労働者が不足し、これまで培ってきた技術力をいかに若い人達に伝えるかということが各社とも大きな課題となっています。特に鉄道技術は、これまでに多くの悲惨な事故を体験し、その再発防止を図りながらより安全な鉄道を追求し、より便利で快適な輸送を目指してきた先人の努力によって発展してきました。これらの多様な技術を将来にわたって着実に伝え、発展させていかなければなりません。しかし地方鉄道各社には要員数に余裕はありません。近い将来単独１社での技術力の維持・継承、車両や施設の的確なメンテナンス等への懸念が想定されます。将来を見据えた新しい体制・仕組みづくりが必要となっています」と指摘しています。

車両

平成20年（２００８）４月現在、地方鉄道93事業者が保有する車両数は合計で１５２３両、１事業者当たり16両を保有している計算になります。保有車両数は、黒部峡谷鉄道、秩父鉄道など貨物車を有する会社に多く、旅客車のみでは広島高速交通と広島電鉄がトップクラスです。

税法上の法定耐用年数は、機関車が18年、電車13年、内燃動車11年、貨車10～20年ですが、物理的にはさらに長く使用されています。公園で静態保存されていた車両が現役復活する例もあります。直近では、平成21年（２００９）11月に銚子電鉄が伊予鉄道の８００系車両を譲り受けましたが、これは元・京王電鉄の２０１０系車両でしたので、実に第三の人生ということになります。第二の人生を東南アジアでという国際派も登場していますので、たとえ2軸のレールバスでも命あるものとして大切にしていきたいものです。地方鉄道路線においては総じて老朽化が進んでいますが、斬新な色彩・デザインの車両がずいぶん増えました。車両の外観や内装なども沿線地域の特色をアピールするツールであり、魅力の１つになっています。

運行編成は、１両運転が多いですが平均すると2両編成で、ピーク時に3～4両編成を組む路線も少なくありません。路面電車は連接車の投入で近年大幅に増えました。

地方鉄道における車齢は、平成19年（２００７）の調査では31年以上が６４０両（調査会社の56パーセント）、21年以上では８０２両（同70パーセント）に上り、鉄道路線自体も開業からの経過年数（昭和62年度（１９８７）以降に開業した公団新線は除く）が70年以上の事業者は82パーセントとなっています。保有する車両、トンネル、橋梁等の施設は耐用年数をはるかに超えており、施設の老朽化による維持管理費が経営を圧迫し事業継続のネックとなっています。

産業遺産としての鉄道

鉄道を観光資源として活かそうとする動きは全国にみられます。沿線人口が減少するなか、外からの観光客を呼び込むため、温泉や景勝地、街並みなどの資源に加えて、移動手段としての鉄道そのものを観光資源としてPRするものです。一方最近では、学術的あるいは歴史的に鉄道の価値が認められるようになりました。平成19年（２００７）11月、経済産業省は全国各地で承継されてきた近代化産業遺産を地域活性化に役立てるため「近代化産業遺産群33」をとりまとめ、更に平成20年（２００８）2月には「続33」を公表しました。この中に、黒部峡谷鉄道（中部電力）や中央本線の笹子トンネル、魚梁瀬森林鉄道（高知県安芸郡）など鉄道関連施設が多く認定されています。

平成20年7月には、わたらせ渓谷鐵道上神梅《かみかんばい》駅、信楽高原鐵道第一大戸川橋梁とともに、若桜鉄道の施設が一括して国の登録有形文化財（建造物）として登録されました。若桜鉄道そのものが近代化の歴史を伝えながら、地域の歴史的景観として親しまれていることが評価されたのです。

鳥取県教育委員会の中原斉歴史遺産室長は次のように解説しています。

「若桜鉄道の歴史的遺産としての価値はその完全性と真実性によって評価される。まず、郡家か

23もの鉄道施設が一括して国の登録有形文化財となった若桜鉄道
(写真は細見川橋梁)

ら若桜駅までの全線にわたる鉄道施設が残っていることが大きなポイントである。車両はもちろん、線路や枕木等の消耗材は交換されているが、転車台や給水塔、引込み線跡等の現在は使われていない施設も含めて、歴史的遺産が良好な状態で残っていることこそが重要である。さらに、昭和5年の鉄道省の記録等、あるいは構造と銘板等により、歴史的遺産としての真実性は証明される。駅舎等においても赤字ローカル線ゆえに積極的な設備投資がなされなかったため、大きく改変されることなく維持・管理されてきていることが、その真実性を保つことになったという側面もある。すなわち80年近い歳月を経て、軌道上を走る蒸気機関車は気動車に変わっても、駅舎や鉄橋等の施設の多くが、昭和初期の開業当時の姿をほぼ完全に留めていることに人びとは感動するのである。このように、いまだ現役の鉄道として機能している若桜鉄道は、鉄道による近代化の歴史を顕著に示す稀有な歴史的遺産であるといえよう」

道路整備と自動車保有

道路はすでに昭和29年度（１９５４）から道路整備5カ年計画が策定され、今日まで着実に整備が行われてきました。道路整備の財源は、一般財源のほか揮発油税、軽油取引税などの特定財源が豊富で、また公団等による有料道路建設システムも確立されています。12次5カ年計画（平成10～14年度）の事業規模は78兆円で年間15～16兆円に相当。15年度（２００３）から中期計画は見直され、平成21年度（２００９）から特定財源は一般財源化されましたが、今後とも道路投資は続くことは間違いありません。一方、鉄道は従来から公共事業とされていなかったため、道路のような整備計画はなく、事業規模も整備新幹線などを実施している旧・鉄道建設公団でせいぜい数千億という単位で比較になりません。もとより、インフラとしての道路は、人やクルマのほか、バス、トラックなど利用者が不特定で、鉄道はレールなどのインフラ利用者が通常1社に限られるからです。クルマを利用する場合、インフラである道路に対して支払うお金は、取得・重量税というわずかな課金と高速道路の料金だけ（利用する時のみ、それも減額・無料化の検討が進められています）であり、完全な〝上下分離〟の世界です。それに対して鉄道は、自前でレールや電気・保安設備等のインフラを整備する必要がありますから、まずここに決定的な差が存在します。

圧倒的な財源と明確な制度に支えられ、道路の実延長は現在120万キロに達し、舗装などの改良はどんどん進んでいます。舗装率（簡易舗装を含む）は昭和40年度（1965）に7パーセントでしたが、平成20年度（2008）には8割となりました。また駐車場の整備もこの10年で3割増え（9年度末3・1百万台→19年度末4・1百万台）、自動車保有1万台あたりの駐車容量も1・4倍になり、より駐車しやすくなっています。全国一世帯当たりの乗用車保有はすでに1台を超え、いまや地方ではどこへ行くにもクルマです。地方では大人1人に1台、世帯当たり2台、3台というのは常識になっています。

前記のように、道路渋滞や違法駐車ならびに交通事故の対策として、行政は、道路網の一層の整備と駐車場の確保を優先してきました。しかし、これがクルマ社会のさらなる進展に拍車をかけており〝イタチごっこ〟の様相を呈しているのです。

一般に都市部では、朝夕には渋滞が発生しますし、駐車スペースも少なく料金もかさみます。地方でも一定の規模の都市になるとマイカー通勤を禁止している企業も多く、それらが鉄軌道やバスなど公共交通の利用につながってきました。しかし、上記のようなトレンドが今後も続けば渋滞は緩和され、駐車は容易になり、都市部においてもますますクルマ社会が浸透していくことが懸念されます。

１９９２年に開業したパリのＬＲＴ（サンドニ線）では、道路交通対策として、道路の車線を削ってまで軌道を敷きました。その結果、従来無理をしてクルマで通勤していた人がＬＲＴへ回帰し、渋滞は改善されていると聞きます。パーク・アンド・ライドが成功すれば別でしょうが、クルマと公共交通は元来相容れないものと思います。パリのように、政策として鉄道など公共交通へのシフトを促すことが必要なのです

旅客輸送に占める輸送機関別の分担率（輸送人員ベース）を長期的にみますと、自動車、それもバスや営業用自動車（タクシー等）を除く自家用乗用車の増加が顕著です。昭和40年代前半に鉄道と自動車の地位は逆転し、50年代前半には自家用自動車だけで鉄道を追い抜きました。そのクルマの分担率ですが、平成19年度（２００７）には7割近くにまで達しています。その結果として、鉄道の役割は更に減少し、現在では25パーセント程度にまで落ち込みました。なお、三大都市圏を除く地方圏では自動車は9割を超え、モータリゼーションがより進んでいます。

減少続く輸送人員

衰退の原因をよく考えてみる

ここで改めて、地方鉄道の衰退の主因を掲げ概観してみたいと思います。大別して、利用者減少の直接的な要因と制度上の間接的要因に2分されます。利用者減は、「モータリゼーション」「少子化」「高齢化」「過疎化」「スプロール化」「温暖化」「デフレ・不況長期化」「路線バスなど二次交通の衰退」が上げられるでしょう。これらによって事業者の収益が悪化、サービスの水準を相対的に引き下げ、更なる悪循環を招いているといえます。

なお、各要因は独立した性質のものでなくそれぞれ関連性があります。「少子化」により虎の子の定期通学生が減り、「高齢化」は外出機会の減少、「不況」は節約からそれぞれ定期外客の減少をもたらします。近年の「温暖化」は、積雪や道路凍結が減りますからクルマの利便性が向上する結果として鉄道のマイナスに作用します。さてこの8つの要因のうち、鉄道事業者が自助努力にて対処できる項目は少ないことに気が付きませんか。せいぜい「モータリゼーション」に対し、高速化・フリークエント化・運賃の引き下げ、シームレス化などでクルマからの回帰を促すか、「二次交通の衰退」に対して、自社やグループでバス・タクシーなどを確保する程度でしょう。延

表2-1　地方鉄道衰退の主因

衰退の要因	直接的要因	1.モータリゼーション　2.少子化　3.高齢化　4.過疎化　5.スプロール化　6.温暖化　7.不況　8.二次交通の衰退
	間接的要因	9.会計・法規　10.合併　11.財政難　12.事故・天災

伸や沿線開発で「過疎化」または「スプロール化」の影響を最小限に止めるという可能性もゼロではありませんが、大手はともかく資力の乏しい地方鉄道事業者にとっては夢物語でしかないでしょう。

他方、制度上の要因とは、「財政会計・法規上の変更等」「平成の大合併」「自治体の財政悪化」「事故・天災等特異な要因」が考えられます。こちらは12の自社の事故防止を除けば、何れも事業者にはお手上げでどうしようもないものばかりです。第1章でみた、国の高速道路無料化や、会計基準の国際化に伴う〝連結外し〟・減損会計の導入、地方財政健全化法に伴う自治体会計の透明化などは「財政会計・法規上の変更等」に属する要因ですし、「自治体の財政悪化」は最期のトドメを刺す天敵とも言いうる要因です。「平成の大合併」により複数の沿線市町村が一つになると、県は当事者意識を失いがちですし、場合によっては市町に責任を押しつけようとします。また合併する市町村で鉄道が通っていない自治体が含まれると存続への足並みが乱れる恐れがあるため、私は平成の大合併はマイナスの要因とみています。

以上12の主要因を概観しても、事業者には対応能力が殆どないことが明らかになりました。従って、地方鉄道という社会資本を維持・存続させるには”多面的な“外部からの助成策が必要とされるのです。多面的とは、単なる交通機関の問題として捉えるのではなく、まちづくり・福祉・文教・環境・治安・防災・税財政などほぼ全ての社会領域に跨って考慮すべきものということです。

残された学生客

地方鉄道の輸送人員は漸減傾向にあり、廃止や新規開業の影響を除いた72社ベースでみますと、ここ20年間で2割減少しました。この間のピークはバブル末期の平成3年度（1991）で、その後は低下のトレンドを辿っています。平成19年度（2007）は2億9400万人で約3億人、32億人キロほどの実績です。輸送の内訳をみてみますと、まずマイカーへの逸走により通勤定期客が減り、次に沿線人口の減少や少子化から通学定期客が減り、更に不況などによる外出控え、観光客の減少などから定期外のお客さまが、順に減ってきています。特に通勤定期客の落ち込みが大きいように見受けられます。路線の平均輸送密度ではこの20年間で半減し、現在2600人程度となっています。長期的にみますと、転換路線、公団新線の引き受けが増えた平成2年度（1990）以降とそれ以前とは大きく様相が異なっています。転換等により地方鉄道の輸送人員などは増えたものの、路線長の大幅な伸びに比べ、輸送効率は大きく低下しました。すなわち、

表2-2　主な輸送指標の比較

平成18年度	都市鉄道	JR３島	地方鉄道	路面電車	観光鉄道
平均輸送距離ｋｍ／人	10.7	31.6	9.0	3.1	2.1
職員数　人／ｋｍ	18.1	3.2	2.0	7.8	13.9
平均運賃　円／人・km	14.8	16.0	25.0	37.9	142.1
輸送密度　人／日・km	99,926	6,790	2,597	7,668	4,891
通学定期比率　％	12.6	28.5	25.0	9.2	1.0
通勤定期比率　％	44.8	33.5	22.9	18.9	3.4
定期外比率　％	42.6	38.0	52.0	71.9	95.7

昭和60年（１９８５）から平成２年（１９９０）の５年間で輸送密度は約３割も低下したのです

主な輸送指標を他の類型の鉄道と比較してみますと、ローカル線の特徴が浮かび上がってきます。まず輸送人員のうち通学定期客のウエイトが大きいことが特徴です。約３割あり、都市鉄道の２倍の比率を示します。これはマイカーに乗れない学生が残った結果で、通学比率が高いことはローカル色が強いことを示唆しています。高校生が主客のローカル線は珍しくありません。ＪＲの三島会社においても同様に通学比率は高くなっています。地方の講演等に招かれて事前にその土地の路線を調べてみますと、通学比率が７割や８割もあって驚いたことが結構ありました。学生定期は割引率が高く設定されていますから、収益的には旨味の少ないお客といえます。また、週休２日制の浸透や不況に伴うワークシェアリング、レイオフなどの影響から、通勤客・通学客ともに定期券から回数券へシフトする動きがみられ、定期外客のウエイトが増加しつつあります。

地方鉄道の輸送密度

地方鉄道93路線の、平成19年度（2007）の輸送密度の単純平均値は3682人／日・キロで、廃止の目安とされた4000人／日・キロを下回っています。少数の高密度路線の影響を受けるため、加重平均で27800人、より実態に近い中央値（median）では実に1700人であり、歪度の大きい分布を示します。最大値は、広島高速交通（新交通アストラムライン）の1万9943人／日・キロであり、最小値は、阿佐《あさ》海岸鉄道の161人／日・キロでした。

運輸収入と輸送密度は運賃水準に大差がなければほぼ比例しますが、厳密には割引率の差や貨物・雑収入の多寡により、収入との相関係数は0・9位です。一方、損益面では、鉄道事業者の線路・車両など施設の保有度合いやその形態（高架、地下、トンネル、橋りょうの有無等）によって減価償却費や保守費が左右され、また人件費等は経営方針により一様ではありません。たとえば、最高の輸送密度を誇る新交通システムの広島高速交通が大幅な赤字で、一時その経営再建が問題になったのは、高架専用（一部は地下）軌道のインフラ部分の負担が重いためです。しかし、損益面においても収入ほどではありませんが一応の相関は認められます。

一般に、輸送密度が高い路線ほど売上が多く黒字路線が多くなりますが、国鉄再建時に損益の分岐とされた8000人はもとより、廃止の目安とされた4000人を下回る路線でも黒字路線が存在します。たとえば茨城交通（現在はひたちなか海浜鉄道）や小湊《こみなと》鉄道などは輸送密度が千人台なのに鉄道部門の営業黒字を計上しています。それではどの程度の乗客数、輸送密度があれば収支トントンとなるのか、簡単に試算してみましょう。最近の統計から、地方鉄道の平均的路線のラフな損益分岐点売上をはじきますと、年収11億円を要します。路線長が34キロ程度で平均乗車距離がひとり9キロという平均的な路線では、年間述べ５００万人、輸送密度で３６００人／日・キロ相当となります。ここでは実勢のひとり1キロあたり運賃を25円としていますが、9キロ乗ってひとり２２５円、9キロですと5駅ぐらい、大人正規料金で３００円程度でしょうか。各種割引があって実勢で２２５円、おかしくない数字です。では、「極限まで合理化を断行したとして、最低どの程度の輸送密度があれば黒字になるのか？」とよく聞かれます。私はこれには実際の黒字会社の実例から大雑把にいって２０００人／日・キロと答えることにしています。

国鉄再建時に８０００人とされた損益分岐の輸送密度が、その後25年間の企業努力により３６００人と半分以下に下がったわけですから、驚くほかありません。売上が半分になっても利益が出る体質になったともいえるからです。コスト削減の良い例として、松浦鉄道で〝１００円を売り上げるのにかかった費用〟を示す営業係数（営業費用／営業収入×１００）をみますと、昭和61年（１９８６）の国鉄松浦線当時の営業係数は実に７５９だったのが、昭和62年度ＪＲ九州で

217、昭和63年度松浦鉄道では109と下がり、以後100程度で推移、コスト削減の効果が顕著に表れていますね。

地方鉄道93路線の輸送密度を他の民鉄、JRと比較すると、大都市高速鉄道の2・6パーセント、JR本州3社の6パーセント程度に過ぎません。ローカル線が主体のJR三島会社と比較してもその4割程度であり、相当の隔たりがあります。ちなみに、日本で最大の輸送密度を誇る路線はJR東日本の山手線で約100万人です。なお、大都市交通の輸送成績を比較する際には、輸送密度より混雑率や集中率などの指標でみることも多いようです。

厳しさ増す鉄道経営

高い運賃と割引

鉄道の運賃体系には、乗車距離に比例する対キロ制、距離にかかわらず一定区間に適応する区間制、両者を併用した対キロ区間制などがあります。地方鉄道路線は、対キロ区間制、次いで対キロ制を採っている路線が多くみられます。他鉄道との相互直通路線において乗継運賃制度（併算運賃からの割引）を採用しているのは、JRとしなの鉄道、JRと鹿島臨海鉄道、南海電鉄と水間鉄道、京阪電鉄と叡山電鉄など親子関係にみられる程度で、運賃面でのシームレス（継ぎ目なし）化をもっと図るべきでしょう。鉄道は、利用者を一定期間安定確保するという経営的側面のほかに政策的な要因もあって、バスに比べて手厚い定期割引を行ってきました。利用者には、バスより安いから鉄道で通勤・通学するといった選択が働いているのです。地方鉄道においても、1カ月定期の割引率では通勤で4割弱、通学では6割弱と、大手民鉄ほどではないにせよ、相応の割引を実施しています。人・キロ当たりの実勢運賃は地方鉄道加重平均で約25円であり、他の鉄道と比較すると、都市鉄道、地方路線が主体のJR三島会社より10円／人・キロ程度高い水準にありますが、これは、第三セクター鉄道、並行在来線各社等が転換時に大幅に運賃を引き上げ、割引率を下げたことが影響しています。

収支構造と損益状況

地方鉄道の営業収入としては、主力の旅客のほか、貨物、雑収等があります。地方私鉄の貨物輸送は、国鉄の貨物輸送縮小に伴い廃止されたところが多く、現在では、秩父鉄道、三岐鉄道を筆頭に6社が、石灰、セメントなどの物資を輸送しているものの、閉山など鉱業自体の衰退やトラック輸送に代わられ、旅客以上に減少傾向を辿ってきました。輸送形態はコンテナが少なく、ほとんどが貨車1両を輸送単位とする車扱（しゃあつかい）です。平成19年度（2007）の輸送量は6社合計では3777万3000トンで、残念なことに近時5、6年で半減しました。しかしこれでもＪＲ貨物の１割に相当する量であり、少なくなったとはいえ貴重な存在といえます。環境対策の一環として輸送機関をトラックから鉄道や内航海運へ切り替える〝モーダルシフト〟の一翼を担うものとして今後も一層の活躍が期待されるからです。

売上高を１００とした場合の収支構造を見ますと、都市鉄道やＪＲと比較して人件費率や修繕費率が高く、全体では営業損益で赤字構造となっています。加えて非電化路線が多いこと等から動力費の比率がやや高いことが特徴です。また、修繕費率が高いことは、設備の老朽化が進んでいることを裏付けているのでしょう。なお、地方鉄道の人件費率が高いのは、合理化が遅れているわけではなく、相対的に収入が低いためで、人件費率はここ5、6年で10パーセント以上も縮減しています。地方鉄道においては、国鉄等からの転換・引受けにあたってリストラを実施したところが多いためか、営業キロあたりの職員数は、１９８５年度から90年度にかけて４・４人／キロ→2・４人／キロとほぼ半減し、現在では2人内外です。駅の無人化や保守や業務のアウトソーシングは徹底され、いまではローカル線の駅で職員がいるほうが珍しくなりました。給与面においても大手民鉄の6割程度、ＪＲ三島会社平均の7割程度の水準です。人件費はギリギリまで切り詰められ、設備の老朽化に加えて保安面での強化をあわせて考えれば、リストラは既に限界に来ているというが私の見解です。

表2-3　収支構造比較（単位：%）

19年度	営業収入	人件費	修繕費	動力費	償却費	諸経費	営業損益
地方鉄道	100	42	16	7	18	22	▲ 5
都市鉄道	100	26	8	4	23	20	19
JR旅客	100	26	15	3	14	22	20
路面電車	100	63	12	5	15	17	▲12
観光鉄道	100	37	11	1	21	24	6
乗合バス	100	63	5	10	7	28	▲ 8

鉄道営業損益（本業である鉄道部門の営業損益）の長期的動向をみても、合算ベースの収支は常に赤字で推移しており、地方鉄道93路線のうち平成19年度（2007）に営業損益で黒字を計上しているのは26路線と3割にも達しません。黒字路線は減少傾向にあり、鉄道経営が年々厳しさを増していることが分かります。国鉄からの転換路線・地方新線35路線のうち、営業黒字路線はわずか4路線（北越《ほくえつ》急行、伊勢鉄道、智頭《ちず》急行、愛知環状鉄道）であり、さらに厳しいものとなっています。次に兼業部門を含めた全社ベースでの損益状況をみましょう。鉄道業は大手を含めて、不動産業、物販飲食、ホテル、旅行業など関連事業で鉄道事業を下支えするのがビジネスモデルです。地方鉄道でも、バスやタクシー等の運輸業のほか、不動産賃貸や旅行代理店などの兼業部門で下支えする構造は同じですが、全社ベースの経常損益でも6割の会社が赤字となっています。兼業で変わったところでは、濡れ煎餅の販売が赤字の鉄道経営を支えている銚子電鉄が有名ですね。路線バスが鉄道を支えたのは随分昔の話でしかも長くは続きませんでした。バス部門は分社化され

た会社が多いですが、観光バス事業も規制緩和を受けた競争激化で今は余力はありません。不動産部門もバブル崩壊後の市況低下で本業を支える力は弱っていると聞きます。また、比較的社歴が浅い転換路線における経常黒字会社はわずか5社に過ぎません。JRとの特急直通運行等で業況の良い北越急行と智頭急行は公団新線の中でも高規格路線で別格の存在です。しかし北陸新幹線金沢延伸後は北越急行の短絡機能は失われますし、智頭急行も鳥取自動車道全線開通が間近に迫っており予断を許しません。もともと貨物専用鉄道だった鹿島臨海鉄道、中京圏の通勤輸送を担う愛知環状と伊勢鉄道の3社も近年は黒字基調が定着してきました。

第三セクター鉄道では、転換交付金等を源資として経営安定基金を設置した会社が32社あり、経常欠損の補塡を行ってきました。しかし、低金利による運用益の減少や車両更新、修繕費がかさみ、基金残高の合計は平成21年（2009）3月末現在で89億円と、最盛期の4分の1に減少してしまいました。すでに5社では底をつきましたが、基金の懐具合が今後、各路線の存廃問題に直結するものと思われます。

生き残りをかけて

路線の活性化・サバイバルに向けて各社では実に様々な取り組みが行われています。詳細は第3章を参照していただくとして、先ず、運賃やダイヤ面では、各種の企画切符、沿線施設とのタイアップが図られたもの、環境定期や定額パスの発売、毎時定時発車で覚えやすく便利なパターンダイヤの採用、終電時間の繰り延べなどがあります。運行面では、新型車両の導入による高速化、快速便の投入、フリークエント化（運行本数の増便）、JRや大手私鉄などとの直通乗入運行、SL運行やビール列車などの各種イベント列車の走行、車体・車内・駅舎などでの広告収入、最近ではDMV（Dual Mode Vehicle：デュアルモードビークル、線路と道路を走行できる車両）の試験的導入、富山ライトレールにみられる鉄道の軌道LRT化などがあります。

他のモードとの連携強化という点では、駐車場整備によるパーク・アンド・ライドの促進、自転車を列車内に持ち込めるサイクル・パスの導入、バスとの結節を向上させるフィーダー・バスの配置、ICカードの採用などが行われています。事業者だけでなく、地域社会の支援という側面からは、サポーターズ・クラブなどの応援団の創設と活動、回数券購入運動、名誉駅長制度、猫や犬が駅長を拝命している路線も増えてきました。各階層での美化運動、沿線のウォーキング、枕木やレールなどのオーナー募集、駅名などの売買を行うネーミングライツなどが実施され、増収だけでなく地域社会のマイレール意識醸成など有形無形の効果をあげています。

運行成績を決めるカギは何か

一口に地方鉄道といっても、その定義からも推測されるように沿線環境によって千差万別で運

表2-4　路線の分類

区分	機能	路線数（%）	輸送密度単純平均値	主な路線
A 過疎・生活型	人口希薄地の生活路線（BCD以外の路線）	30（32）	1,020	由利高原鉄道（秋田） のと鉄道（石川） 土佐くろしお鉄道（高知） 島原鉄道（長崎）
B フィーダー型	一定人口集中地における幹線の枝線輸送機能	32（34）	1,858	会津鉄道（福島） 北越急行（新潟） 北近畿タンゴ鉄道（京都・兵庫） 智頭急行（兵庫・鳥取）
C 大都市圏補完型	首都圏・中京圏・京阪神・北九州／福岡圏の通勤通学・レクリエーションなど	21（22）	6,935	総武流山電鉄（首都圏） 江ノ島電鉄（首都圏） 愛知環状鉄道（中京圏） 叡山電鉄（京阪神圏）
D 地方中核都市型	中核都市（人口30万以上）における基幹または補完的交通機能	12（13）	8,160	北陸鉄道（金沢市） 静岡鉄道（静岡市） 伊予鉄道（松山市） 広島電鉄（広島市）
合計または平均		95（100）	3,512	

注）計数は平成12年度のものであり、廃止された路線を含む。
＊「鉄道統計年報」をもとに著者作成

行成績にも大幅な差があります。そのため、人口等を加味し、路線の有する主たる機能によって地方鉄道路線を似通った複数のグループに区分すると理解しやすくなります。そこで「過疎・生活型」「フィーダー型」「大都市圏補完型」「地方中核都市型」の4グループに分類してみました（表2-4）。過疎・生活型とフィーダー型は、起点駅所在都市の人口（おおむね10万人以上をフィーダー型）もしくは結節駅数（3駅以上をフィーダー型）で区分しています。A→Dの順で輸送密度は高くなることが分かります。

ここで輸送成績を決めるカギ、要因は何か、少し統計的にトライしてみましょう。

輸送密度つまり輸送成績を決める要素は無数にありますが、同じ条件で客観的に比較できるデータとなりますと限られてきます。そこでインフラ面の要素として、沿線の人口、人口密度、世帯数、乗用車保有率、観光資源の有無の5つを抽出。運行面の要素は、ハード的なものとソフト的な要素に分け、運行ハード面は、路線長、駅数、駅間距離、相互乗入駅数の4つを、運行ソフト面では、平均運賃、運行本数、表定速度、快速・急行便の有無の4つを採り上げます。全部で13要素ということになります。事業者サイドからみますと、運行ソフト面の各要素は最も可変的な要素であり、インフラ面の要素は、通常所与のものとして事業者の経営手腕が及ばない性格のものです。次に、これらの要因のうち、実際にどれが最も重要であるかを探ることにします。

少し古いですが平成12年度（2000）における地方鉄道95社（当時）の輸送密度と前記の13要素の相関関係をみますと、運行本数、人口密度との正の相関、つまり多い方が輸送密度は高くなり、駅間距離、乗用車保有率と負の相関、つまり短い方・少ない方が輸送成績は良くなるという結果が出ました。

過疎路線には格別の配慮を

次に、先ほどの4つのグループごとに、そのグループに属する各社の輸送密度と各要素の相関

表2-5　輸送成績を決める要素（輸送密度の説明変数）

路線の種類	X_1	X_2	X_3	X_4	回帰式のR^2
過疎・生活型	快速便	—	—	—	不能
フィーダー型	表定速度	運行本数	—	—	0.17
大都市圏補完型	運行本数	車保有率	平均運賃	観光資源	0.53
地方中核都市型	運行本数	世帯数	平均運賃	—	0.96

を調べ、重回帰式を作ってみます。過疎・生活型路線グループにおいては、運賃や速度で通常の経済行動と反対の相関を示し、そもそもここでは回帰分析は不適当でした。フィーダー型グループでは、表定速度および運行本数をもって回帰式を得られるものの、精度は悪く（R^2＝0・17）、十分な説明力はありません。なお決定係数R^2は1に近いほど回帰式の精度が高いとされています。大都市圏補完型グループにおいては、運行本数、乗用車保有率、平均運賃、観光資源の各要素をもって回帰式を得ました（R^2＝0・53）。貢献度では運賃の低廉さが最も重要で、次いで乗用車保有率の低さと運行本数の多さが重要ということが分かります。地方中核都市型グループでは、運行本数、世帯数、平均運賃、快速・急行便等のサービスがポイントであり、急行便等を除く3変数で精度の高い重回帰式（R^2＝0・96）が得られました。貢献度では運行本数の多さが最も重要で、運賃の低廉さが続きます。

平均運賃の低廉さは、路線全体では相関がみられませんが、大都市圏補完型および地方中核都市型で初めて顕在化し、運行本数、世帯数等人口要素、乗用車保有率の各要素も同2グループでより顕著になります。このことから、過疎生活型では自家用車などとの競争はすでに決着し、フィーダー型→大都市圏補完型→地方中核都市型になるにつれてサービスの競争がより活発に行われていると推測できます。誤解を恐れずに言いますと、市場競争原理が過疎エリアにおいてもはや働かなくなっており、そこでは事業者がたとえ運賃を半額にしても、新車を投入しスピードアップしたとしても、さしたる効果は期待できないということです。従いまして、事業者の自助努力には自ずと限界があり、クルマ社会にあるこれらの路線の維持については別段の配慮を要するということになります。

鉄道廃止の是非

ローカル線の輸送特性

バスや自家用車などとの対比において、鉄道輸送特性とは〝より速くより多くの人を安全に〟輸送することです。そもそも地方鉄道や路面電車にこの特性があるのか実態を検証する必要があり、なければ廃止やむなしの議論にもなりかねません。

高速性については、路線バスの表定速度が都市部で時速11～15キロ程度、路面電車も法規制等から時速15キロ内外です。ローカル鉄道では、各停ベースで地方鉄道が32キロ、JR地方交通線では38キロ程度ですから、これらのモードには勝りますが、渋滞がない限り自家用車には劣ります。ちなみに最新の道路交通センサスによると自動車の平均旅行速度は32～33キロ（混雑時）ですが、こちらはドアツードアなので、同程度ならクルマが勝ると考えてよいでしょう。

大量性については、路線バスの定員が60～70名、コミュニティバスになるともっと小さくなります。路面電車では、岡山電気軌道のＬＲＶ「ＭＯＭＯ」が74名、伊予鉄道の２１００形が47名。最大級である広島電鉄の「グリーンムーバー」で１５３名です。旧式のボギー車では90～１００名ほどの定員がありましたが、ＬＲＶの内装・シートは豪華なので、その分定員は少なくなっています。日本で最初に導入された熊本市交通局の９７００形に試乗した際、第一印象として〝狭いな〟と感じました。交通局の担当者のお話だと、「76名の定員は鉄道法の基準に従い１人当たり０・３平方メートルで計算したもので、軌道法の計算によると１１２名になります。ちなみにバスは０・15平方メートルで計算しているため、定員がほぼ最大値です」とのことでした。

他方、地方鉄道では１両運転のレールバスでも１００名程度の定員があり、ラッシュ時には連結運転されますから、器としての大量性には特性が認められます。

安全性については、正確な流動量がないため一概にはいえませんが、平成20年度（２００８）における鉄道運転事故（ＪＲや路面電車を含む）は８４９件、死傷者は７０７人で、このうち踏切事故が３１４件でした。これに対して、自動車事故（バスやタクシーを含む）は平成20年度で

表2-6　ローカル線の輸送特性

	高速性	大量性	安全性	環境面	利便性	定時性
都市鉄道	◎	◎	◎	○	△	◎
地方鉄道	△	○	○	△	×	◎
路面電車	×	△	○	○	○	△
乗合バス	×	△	△	△	△	×
マイカー	○	×	×	×	◎	×

77万件、死傷者数は95万人に上っています。自動車事故は取締や罰則の強化などから平成16年（２００４）頃をピークに減少傾向にありますが依然桁が違います。平成19年度（２００７）の死者数を輸送人員や輸送量当たりで比較しますと、鉄道の死者数は自動車の９パーセント程度ですが、鉄道には自殺者も含まれていますので、実際はもっと低水準と思われます。

さらに地方鉄道は、利便性には疑問符がつくものの定時性では優るため、鉄道特性は一応認められるといってよいでしょう。従って、その特性を活かせるか否かが維持・存続を図る上で問題になってきます。他方、路面電車についていえば、高速性および大量性は広島電鉄のように連接車が活躍している例外を除けばバスと大差なく、利便性や環境面においても進化するバスとの差は縮まりつつあるように感じられます。総じて鉄道特性を発揮できておらず、このままではかつての京都市電のように廃止の途を辿る懸念があります。

脅威となるか、ＥＶ(電気自動車)革命

最近、環境問題に対する社会一般の関心が高まるにつれて、低公害型のバスやクルマが多く目にとまるようになってきました。

乗合バスは、ノンステップ車両の導入による乗降時間の縮減やアイドリングストップ化の促進などに加えて、環境配慮型車両の導入が急速に進んでいます。また、オムニバスタウン制度・支援体制も整いつつあります。「オムニバスタウン」とは、バスが有する多様（オムニ）な社会的意義を発揮させることによって快適な交通、生活の実現を目指す街を意味する言葉で、そのような街づくりを目指す地域の自主的な取り組みを支援する枠組みです。平成9年度（1997）に初めて浜松市が指定都市に認められ、現在まで14都市に増えています。さてトヨタのプリウスが世に出て10年以上が経過しました。最近ホンダがインサイトを投入してハイブリッドカー市場に本格参入、市場が活性化し、政府の減税・補助金効果もあってエコカーは一気に普通のクルマとなりつつあります。更に究極のエコカーといわれる燃料電池車は、既にホンダが法人向けにリース販売を始めていましたが、平成17年（2005）にはホンダとトヨタが型式認定を受けマーケット投入に弾みをつけました。電気自動車ＥＶも、課題となっていた充電時間や走行距離の問題を急速にクリアし、平成21年（2009）7月に三菱自動車がアイ・ミーブを発表、国産初の量産化が現実のものとなったのです。ＥＶはクリーンで騒音も少ないうえ、ガソリン車などエンジンを用いる従来のクルマに比較して、部品数が少なく構造が簡単で、コンパクト化しやすい特徴がります。大手メーカーでなくとも修理店など小規模事業者の参入が容易で、価格もリーズナブルになってきました。そのためＥＶは、完成車メーカーを頂点とする自動車関連産業の構造に変革をもたらす可能性があるとともに、人のクルマに対するイメージや価値観も少なからず変わるものと思われます。人とクルマとの距離感が縮まり、より身近になるということでしょうか。そのこと自体は結構なことですが、私はマイカー保有のインセンティブが一層働き、地方鉄道などの公共交通にとっては少なからぬダメージになることを危惧しています。しかしながら、クルマが電気で走るようになりクリーンでコンパクトになったとしても、それで交通量が増えれば事故や渋滞が減ることになりませんから、公共交通の存在意義はＥＶ革命によって失われることはありません。

鉄道が廃止されるとどうなるか

まず鉄道が廃止されてバスに転換されると、それまでの利用者はマイカーや自転車などへ逸走し、代替バスの利用者は漸減していき、結局は公共交通の衰退につながる懸念があげられます。平成13年（２００１）９月末に廃止された名鉄谷汲線の代替バスの運転手さんから、「１日９往復の運行で収入はたった３０００円程度、燃料代にもならないよ」と聞きました。平成14年（２００２）３月末に廃止された長野電鉄木島線のケースでは、代替バスの利用者は鉄道の４割減、平成13年6月の京福電鉄福井線の運行停止では、代替バスになったとたん輸送人員は半減しました。NHKの調べによると、バス転換された9路線で利用者は65パーセント減と約3分の1に減少し、逆に運賃は34パーセントもアップしたといいます。その理由は、定時性が確保されない、道路脇の条件の悪い場所でバスを長時間待つ辛さ、乗り心地、運賃アップ、所詮クルマの大きいものという心理的要因など、いろいろあるでしょう。

次に、地元での進学・就職の機会が失われ、過疎化に一層の拍車をかける懸念があります。ローカル線の存続問題は、単に交通政策のみならず、文教政策、過疎対策などもっと広い観点からの重畳的な取り組みが必須です。昔は、鉄道がなかったために進学を諦めるといった話をよく聞いたものでした。現在では、鉄道が廃止されて通学手段を欠くと、高校進学の段階で都市圏へ転出ということにもなりかねません。一度出て行った息子・娘は帰ってこないのが通常で、過疎化と高齢化が一挙に進行してしまいます。

鉄道などの公共交通機関は社会教育の場でもあります。否、あったというべきでしょうか。利用する際には駅や停車場まで出向かなければならず、列車が到着するのを待ったり、立ったままで乗車し続けるなどある程度の我慢も必要になります。また、他人と空間を共有することによって協調性や、席を譲ったりする優しさなどが公共交通機関を利用することで自然に養われます。

さらに、自動車中心の社会では都市構造自体がロードサイド型へ変化し、中心市街地の衰退、都市の無秩序なスプロール化を促します。クルマ社会が浸透していくと、新たに集客施設が建設され、役所や体育館などの公共・公益施設が移転するときは郊外に立地し、市街地からは離れてしまいますので、クルマがないと不便極まりない都市構造になってしまいます。地方都市の商店街が寂れてシャッターが閉じている風景は、いまや当たり前のようになってしまいました。

中小企業庁が3年ごとに実施している「商店街実態調査」によると、平成18年度（2006）調査では「衰退している、もしくは衰退する恐れがある」商店街は7割を超えており、とりわけ地域型・近隣型タイプの商店街ほど厳しい状況で、空き店舗率は調査するごとに高くなっているということです。

中心市街地の衰退は、居住人口の減少と高齢化にもつながります。郊外に移る人はクルマで育った若い世代が中心で、市街地には年寄りが残ることになります。その結果、全国における中心市街地の現状は、日本商工会議所の「まちづくり調査」によると、衰退、停滞の傾向にあるという結果が出ています。なお、これらの対策としては第4章で富山市の事例をあげています。

最後に、CO_2排出削減目標の達成をますます困難にすることがあります。いうまでもなく我が国は、2008～2012年のCO_2排出量を1990年比で6パーセント削減するという京都議定書の公約を履行する必要に迫られていますし、鳩山政権は更に２０２０年までに25パーセント削減という高いハードルを掲げました。しかし逆に２００７年の排出量は１９９０年比14パーセントほど増えており、運輸部門だけをみても13パーセント増加しました。運輸部門のCO_2排出量は総排出量の2割程度ですが、その過半をマイカーが占めており、まずこれを削減することが急務となっています。従いまして、鉄道が廃止の途を辿っていくのでは、「京都議定書目標達成計画（平成20年3月28日閣議決定）」や「低炭素社会づくり行動計画（平成20年7月29日閣議決定）」に盛り込まれている公共交通利用促進、既存鉄道利用促進に全く逆行することになります。

以上、鉄道が廃止された場合の諸問題を私見も交え述べました。ところで、ローカル線では鉄道が廃止され、レール・駅舎などが撤去されても、その跡地が有効利用されているとは言えないようです。そうであれば、レールなどはなるべく保存して里山の荒廃を防ぐべきです。レールは、残しておけばいつか必ず役に立つ時が来るでしょう。運ぶ物は人とは限らないし、天災は忘れたころにやってきます。阪神・淡路大震災時におけるＪＲ加古川線や播但《ばんたん》線の活躍を忘れてはなりません。

クルマやバスは動産に過ぎませんが、鉄道はレールと駅舎を擁する立派な社会資本です。路線バスは廃止されても直ぐに再開できますが、鉄道はインフラであるだけに、一旦廃止されれば二度と元には戻らぬ、ここが大きな違いです。従って、いまあるものは大切に維持・活性化・再生し、後世に伝える義務があると思います。

三位一体で存続へ

自助努力と地域の支援

地方鉄道の存続・活性化策として、一般的にはワンマン化や車両の共通化、事務の委託などでコストの削減を図り、観光部門への特化、兼業の一層の強化などで増収を図ることが挙げられます。そして、街づくりのなかに鉄道をもっと積極的に活かすことが必要です。大都市圏補完、地方中核都市型路線などでは、高速化、フリークエント運行、JR等との直通運転の実施など、運行面における事業者の自助努力が今後も求められます。他方、「鉄道はあるが、道路網が整備されて渋滞もなく、全世帯が自家用車を保有し〝どこへ行くにもクルマ〟」というエリアにおいては、沿線外からの誘客を図る以外、運賃引き下げや運行本数の増加など、鉄道事業者がいくら経営努力を行ってもさしたる効果は期待できません。回帰分析でみたように、過疎エリアにおいてはこのようなパラドックスが存在し、これらの路線においては事業者の自助努力には限界がありますから、地方中核都市に地盤を有する路線とは扱いを異にする必要があります。

国の欠損補助制度は平成9年度（1997）に打ち切られ、その後は設備近代化補助の拡充にいたってきましたが、ハード面を近代化すれば、過疎路線を含め活性化できるという錯覚があったのです。

実際、地元自治体が独自の財政支援として欠損補助を継続してきた路線は少なくありません。国が原則として鉄道の存廃に関与しなくなり、自治体の主体的な取り組みが求められているいま、〝鉄道の重要性をいま一度認識（運政審答申第19号）〟し、多面的に評価、支援していくことが必要です。

ところで地方乗合バスについては鉄道と異なり、車両購入費補助のほかに、国の路線維持補助制度が設けられています。国の補助は、複数市町村にまたがる10キロ以上の広域・幹線的路線等に対するもので、経常損失分を国と都道府県で2分の1ずつ補助。しかも、兼業による内部補助の限界から、補助対象は事業者単位ではなく路線系統ごとに変更され、地方単独補助事業についても国庫財政措置が講じられるなど、制度は〝拡充〟されています。平成20年度（2008）は路線維持補助として208事業者、1611系統を対象に68億円の実績がありました。地方の公共交通対策としてはこのような拡充した支援体制が必要であり、鉄道に対する欠損補助が打ち切られたことは実に残念でなりません。これは、つい最近まで「地方の公共交通の主役はバスであり、鉄道は〝贅沢施設〟だから国による本格的な支援の対象とはされなかった」ためと聞いていますが、時代錯誤も甚だしくとんでもない話です。

地域公共交通再生法による上下分離への支援でも事業者の運営コストは大幅に軽減され、車両を自治体保有とする完全上下分離方式では赤字事業者の8割が黒字化するとの試算もあります。しかし大臣認定のハードルは結構高く、沿線自治体に相当の覚悟を強いることになりますから、選択的支援策としてバスのような欠損補助の復活が望まれます。

鉄道再生〝先発組〟の功績

今世紀に入って地方の逆襲あるいは〝自分たちの鉄道は自分たちで守る〟という事例が出てきています。そこでここでは廃止を免れ、存続に至ったケースを表2-7に掲げ、廃止路線との差異に焦点を当ててみましょう。先ず平成13年（２００１）に発生した希有な2つの事件（京福電鉄の事故および琴電の破綻）に端を発した再生事例があげられます。琴電は、新経営陣の主導により平成18年（２００６）3月に再生計画を終了させました。

京福電鉄は撤退し永平寺線は廃止されましたが、他は第三セクターえちぜん鉄道が承継、再生を果たしています。このケースでは、県と沿線市町村の役割分担が明確にされた上での上下分離方式が採用されたことが特筆されます。県は、投資的経費のみを負担、開業後の運営には一切参画せず、第三セクターにも出資していません。再生後は、女性アテンダントのきめ細やかな接客サービスをはじめ、放置自転車を再利用した無料のレンタサイクルやバスとの乗換地図の提供、運賃値下げや終電時間の繰り下げなど様々なアイデアを運営に活かしています。これらには住民が提案したものも多く、出資に加え住民自らの経営参画が鉄道の再生を果たす原動力になったといえましょう。

平成14年（2002）には加越能鉄道の路面電車事業を第三セクター万葉線が承継しました。このケースでは、万葉線問題懇話会において、経済界のみならず利用者サイド、すなわち自治会、婦人会、福祉団体、学校の校長会、PTA、RACDA（路面電車と都市の未来を考える会）高岡など各界各層からの参加を募り、熱心な議論を尽くしたことが特筆されます。その結果、路面電車・万葉線は単にそのまま残せばよいのではなく、将来にわたって積極的に活用していくためになくしてはならないものだという〝なくすな万葉線〟のコンセンサスを形成。そして、万葉線を支えていくという意識を、1万7000名もの署名に続き、出資と経営安定化基金に具体化させたことが重要です。また、社長には行政からの出向やOBではなく、経営感覚のある民間人を県内企業や経済団体から推薦してもらうという方式を採りました。

以上、万葉線・えちぜん鉄道の2路線の再生は、いわば先発組として後世に残したノウハウは貴重で高く評価されるべきでしょう。また万葉線とえちぜん鉄道は、民間事業者が撤退した路線

表2-7　ローカル線の存続・再生事例と主因

平成	所在地	撤退・再生前	承継・再生後	主な要因
14	富山	加越能鉄道	万葉線	キーパーソン
14	香川	高松琴平電鉄	同左・新生ことでん	天命を受けた男の英断
15	福井	京福電鉄	えちぜん鉄道	自治体
15	三重	近鉄北勢線	三岐鉄道北勢線	自治体
17	和歌山	南海貴志川線	和歌山電鐵	マスコミ
17	大阪	水間鉄道	同左・新生水鉄	スポンサー
18	富山	JR西日本・富山港線	富山ライトレール	市長のリーダーシップ
19	三重・岐阜	近鉄伊賀線、養老線	伊賀鉄道、養老鉄道	分社化
20	茨城	茨城交通	ひたちなか海浜鉄道	応援団
21	福井、鳥取 岩手	福井鉄道、若桜鉄道、 三陸鉄道	同左、土地等は沿線自治体保有の上下分離	地域公共交通再生法の認定

を第三セクターで承継するという〝民から公へ〟という流れでもあります。当時の政治は、とかく市場原理主義がはびこり「何が何でも民営化・規制緩和」という時流でしたが、世の中には公的管理が必要な領域、市場ベースにそぐわない事業、規制緩和すべきでない分野も沢山あります。地方圏の公共交通も同様で、純民間事業者が採算ベースで継続できる時代はとうに過ぎ去ってしまいました。

翌平成15年（2003）には近鉄の北勢線を、自治体の熱意ある仲介と支援策により、並行して路線を有する三岐鉄道が経営を承継し高速化を図る等再生を果たしています。17年（2005）には南海の支線・貴志川線が路面電車事業者である岡山電気軌道の支援によって再生が決定、18年（2006）4月より岡山電軌100パーセント出資会社和歌山電鐵（株）が承継、運行を継続しています。ここでは、鉄道用地を和歌山市と貴志川町（現・紀の川市）が県の補助金で保有し、運営は公募による民間が行う形式の上下分離が採られ、県による大規模補修費の支出、市と町による欠損補助等の支援体制が構築されています。平成18年（2006）2月末で廃止されたJR西日本富山港線を第三セクター富山ライトレールがLRT化して同年4月に開業しましたが、これも再生の範疇に入れても良いでしょう（第4章参照）。

廃止か存続か、その分かれ目は

実際には前記に掲げたケースごとに、再生への原動力となった要因にかなりの温度差がみられます。

琴電のケースでは平成13年（2001）12月の民事再生申請後も自治体の要請で運行は継続していました。2世オーナーによるワンマンかつ放漫経営、輸送サービスのひどさから、同社の地元での評価は著しく低く、沿線住民から「電車は残したいが、琴電はいらない」といわれるほどでした。そのため再生の陣頭指揮を執る新経営陣の人選は難航したようですが、結局財界から真鍋康彦氏が社長に就任しました。同氏は香川日産自動車の社長であり、いわば天敵からの刺客ですが、本業を放り出し無報酬で再生に賭けています（無給といえば和歌山電鐵の磯野さん達も奉仕と聞いています）。財界の意志というより、まさに〝天命を受けた男の英断〟と称えるべきでしょう。加えて真鍋さんと同時にJR四国から役員が派遣されました。企画商品の開発等、従来琴電が怠ってきた鉄道事業の活性化策を次々と打ち出し、琴電を殿様商売から本来のサービス業者として脱皮させることに成功しています。JRという巨艦を味方につけることで地方民鉄が大きく前進した好事例といえるかも知れません。

近鉄北勢線の例では、先ず沿線市町が率先しそれが県を動かし、最終的には三岐鉄道という県内の民間事業者への承継合意を取り付けることに成功しました。万葉線では、島正範氏というキーパーソンの存在が大きいと思います。彼の地道な啓発活動がやがて各階各層の存続へのコンセンサスを形成する原動力となりました。島さんは岡山に本拠がある「RACDA」という有名な組織に感化されその支部を高岡に設立していますから、いわば街づくりに対する全国的なネットワークの勝利ともいえましょう。南海貴志川線のケースにおいては、岡山電軌というスポンサーを獲得したことに尽きますが、その背景にはNHKの取材がありました。〝難問解決！ご近所の底力〟という番組で取り上げられ、スタジオに出演した沿線住民は、万葉線やえちぜん鉄道の先進事例に学びながら、短期間のうちに存続につなげたのです。

以上述べた再生・成功案件に対して廃止となった事例を比較すると、再生のカギをみいだすことができるかも知れません。最近において、廃止に至った事例として、名鉄岐阜市内線、日立電鉄、鹿島鉄道および三木鉄道の4例を取り上げましょう。日立電鉄のケースは、常陸太田市が市のＨＰにて代替事業者を募る等誠意をみせましたが、日立市が〝存続に対する支援、熱意が感じられなかった〟ということ等で存続を断念、つまり地域社会の支援パワーの弱さに加え、自治体の足並みが揃わなかったことが大きいと思われます。私はかつて悔しさから「首長の好き嫌いで鉄道の存廃が決されてしまう！」と書いたことがありましたが、三木鉄道では市長選挙で廃止を掲げた人が当選したため論外ですが、名鉄岐阜市内線や鹿島鉄道のケースも自治体の消極性が主因であったように認識しています。特に鹿島のケースでは地域社会の熱意むなしく、まるで筑波鉄道（昭和62年4月廃止）や日立電鉄に続く「悪しき前例踏襲」のような結果に終わりました。逆に茨城交通湊線では応援団の大活躍と自治体の温かい配慮もあって見事に存続・再生を果たしたことは称賛すべきでしょう。

以上これまでのケースはいわばオーダーメイドでしたが、今後は、地域公共交通再生法に基づく事業再構築の認定を受けた上下分離方式での再生を図るケースが主流となるものとみられます。従って、今まで以上に事業者、自治体だけでなく地域社会の熱意・協力が不可欠となってきます。三岐鉄道や琴電のようなレアケースは別として、三位一体のうち、先ず率先して活動すべきファクターは地域社会とりわけ沿線住民であることは言うまでもありません。

費用便益分析でみる鉄道の重要性

ところで、平成11年（1999）に国から鉄道プロジェクトに関する便益計算のマニュアルが出ました。それ以前は、鉄道新線計画など採算性の極めて厳しいプロジェクトに対しても、採択の条件として、当該事業の採算が「開業後20～30年程度で債務を全て償還できること」を求めていました。マニュアルでは、事業者の収支採算だけでなく、鉄道利用者の時短効果・移動コスト低減効果や交通事故軽減効果、CO_2排出削減効果、渋滞緩和などの諸便益を、投資などの費用と比較考慮してプロジェクトの採択を決すべきとしました。諸便益の貨幣換算については、たとえば、時間37円／分（全国）、大気汚染292万円／トン（人口集中地区）、騒音240万円／デシベル／キロ／年（人口集中地区）、地球温暖化2300円／カーボン・トンなどの原単位を用いるルールになっています。欧米においては、そもそも公共交通は採算に乗らないため公的資金投入が〝当たり前田のクラッカー〟ですから、一歩も二歩も前進したわけです。

応援団が再生の原動力となった「ひたちなか海浜鉄道」

これを実践に適用したのは平成15年（2003）「一畑電鉄（現・一畑電車）及び沿線公共交通のあり方に関する提言」が最初であったと記憶しています。そこでは鉄道として存続させるケースと、廃止しバス転換するケース等の社会的純便益（便益合計マイナス費用）の計測および比較がされていました。検討委員会の座長は中川大京都大学教授で、さすがと感心すると同時に、公平な便益計算の機会を与えた平田市等行政の前向きな姿勢にも好感を覚えたものです。端的に言えば「鉄道の価値は採算性だけで評価することはできない」ということに尽きます。これを更に前進させたのが上田交通別所線利用動向調査における〝存在効果〟便益の定量化でした。鉄道のインフラとしての定性的価値を貨幣換算する試みにチャレンジした意義は非常に大きいと思います。従来は、鉄道を廃止しバスに転換した方が事業の採算は向上する（赤字額が減る）ため、短絡的に廃止という方向になりがちでした。費用便益分析の導入は、事業の損得以上に鉄道を存続させる方が地域社会便益は大きく、トータルとしてバス転換ではなく鉄道存続を選択する際の判断材料となっています。実例として茨城交通湊線の分析をみましょう（30年間の合計金額・基本ケース）。鉄道存続のケースでは、事業損益はマイナス24億円ですが、道路混雑緩和や存在効果など地域社会便益がプラス100億円と大きく（バス転換のケースでは各々プラス7億、プラス16億円ですが）、その他の項目を含めますと、合計で「鉄道存続の純便益35億円」が「バス転換の純便益7億円」を28億円上回るという結果になりました。鉄道の有する各種の便益のうち、事業採算は、赤字であっても、そのごく一部を占めるに過ぎないことがお分かりになられたかと思います。すなわち、鉄道が〝赤字だから廃止すべし〟という考え方は正しくないのです。世の中には不採算であっても社会にとって必要な組織・施設・設備はいくらでもあります。

第3章 ”三セク鉄道だより“から

（第三セクター鉄道等協議会）

応援歌がこだまする鉄道

明知鉄道（株）専務取締役　今井祥一朗

明知鉄道は、旧国鉄明知線を引き継いで昭和60年（１９８５）に開業した岐阜県の東南部、JR中央線の恵那《えな》駅を始点として女城主の里・岩村町を経由し、日本大正村の明智駅まで恵那市と中津川市の山並みの木々の間を縫い、また「日本一の農村景観」の田園風景の中を走る自然を満喫した駅数10駅、25・1キロメートルの路線です。

会社は増収を図るため、寒天料理、山菜料理、きのこ料理、じねんじょ、ビールなどのグルメ列車を年間約１７０回運転し、企画列車としてチャリンコ列車、温泉と懐石料理、ハイキング、新春酒蔵見学、歌謡教室体験など約30回企画実施し、その他のイベントとして、日帰りバス旅行（かにツアー）、ゴルフ大会、ホタル列車など旅行計画に加え、「シルバー会員証」「ジュニア会員証」の発売、せんべいの販売などあらゆる企業努力で増収対策に取り組んでいますが、沿線の人口減や道路整備の進展の影響で通勤客の減少及び高校生の減少などにより、年々利用客の減少が続き、乗客数は開業時の半数近くにまで減って厳しい運営となっています。しかしながら、地域の文化として、貴重な財産として存続するための思いは熱く、特に恵那市は明知鉄道による〝南

平成20年12月に極楽駅が新設された明知鉄道

北の懸け橋“として大きな期待を寄せています。
明知鉄道を未来に残すために、国や自治体の支援を受け鉄道の再生計画を策定し、赤字基調からの脱却を図る目的で、平成16年度（2004）から「市民鉄道」として生まれ変わるため、市民と行政、鉄道が共同で再生に取り組んでいますので、その様子を紹介したいと思います。

買って残そう明知鉄道

シルバー会員証は、65歳以上に達した方に年間2000円で発行し、1乗車ごとに100円でご利用いただくことにしています。ジュニア会員証も小中学生に発行し、小学生は年間500円、中学生は1000円でこれも、ワンコイン100円で乗車できるものです。

シルバー会員証購入のお願いに各地の老人会を回

ったところ、「明知鉄道がなくなったら困るから頑張ってください」「わしたちはあまり乗る機会がないが、シルバー会員証を買って応援するよ」「昔は〝乗って残そう〟と応援したが、今は乗らない者も〝買って残そう〟明知鉄道だよ」「100円なんて言わなくて半額割引でもいいよ」などの応援の言葉に思わず目頭が熱くなり、説明を中断することもありました。

DMVの視察

平成19年（2007）6月10日から、JR北海道が開発し、試験営業運行を始めたDMVの視察に北海道に行ってきましたが、明知鉄道に導入して活性化に役立てることができないかと、再生手段選択の必死の思いから、恵那市の商工会が有志を募ったもので、恵那市長（社長）、商工会幹部、市議会議員等の皆さん15名に同行しての視察旅行でした。参加した皆さんの明知鉄道への熱い思いと将来の夢を語るにふさわしい研究テーマを提供して頂きました。

また、この車両導入など経営体質強化に向けた研究事業やPRに役立てるために、明知鉄道協力会が運動母体となり、地域のロータリークラブ、ライオンズクラブ等の奉仕団体や企業、市民の協力を仰ぎ、1億円を目標に基金を募ることが決定しています。

大正100年カウントダウン行事

あと少しで大正100年となります。明知線終点駅の明智町（現・恵那市）は「日本大正村」

であります。平成19年（２００７）9月8〜9日には、女優で村長さんでもある司葉子さんが提唱されて、恵那市で「大正１００年カウントダウン事業」のシンポジウムが催され、「大正を生かし・大正を楽しむ」と題してパネルディスカッションが行われました。パネリストの一人として、司葉子さんが、「今後、毎年恵那市の中山道46番目の宿場大井宿と日本大正村でシンポジウムを行っていきますが、二つを結ぶ明知鉄道は重要な観光資源として育てていかなければなりません」と明知鉄道の役割の重要性を説き、「沿線に桜並木を作ろう」、「車両にラッピングしよう」等、熱い支援を提案されました。

明知鉄道シンポジウム

平成20年（２００８）1月20日には、明知鉄道連絡協議会が主催して初めての明知鉄道シンポジウムがＪＲ東海の須田寛相談役を迎えて明智町で開催されました。明知鉄道は大切な鉄道であり、地域の重要な文化であり貴重な財産であることを市民の皆様、地域の皆様に知っていただき、存続させたいという意識を高め、協力を呼びかける企画として行われ、須田相談役からは明知鉄道を観光鉄道として活用する方法など温かい支援と提案を受けました。１５０名収容の会場には予想を大幅に上回る２３０名が参加していただきました。

明知鉄道を利用していただいている高校生、老人クラブ、商工会青年部のそれぞれ代表者が、明知鉄道への熱い思いを訴えてくれました。

このシンポジウムに合わせて午前中に恵南商工会青年部による「夢列車企画」が明智駅前と駅構内で開催され、バザー、鉄道クイズ、乗車体験、軌道自転車体験等のイベントと、沿線の小学6年生が夢をテーマに描いた195点の絵を車内に展示し、車体外部には「夢を乗せて走る明知鉄道」の寄せ書きを貼り、1万5000個のイルミネーションを飾った「夢列車」の披露などが行われました。夢列車は2月末日まで運転され、夕方以降の暗闇では地域の子供たちの夢を乗せて光り輝きながら走り続けています。まさに銀河鉄道の世界です（当分の間、期間を延長して運転することになりました）。

赤字に苦しむ鉄道ではありますが、恵那山の山並みにこだまする沿線の皆さんの応援歌を背中一杯にうけて、重大事故の防止はもとより、あらゆる知恵を結集して増収対策に取り組み、愛され親しまれ信頼される鉄道づくりを目指し、この鉄道を未来に向けて存続させる責任の重要性を痛感し社員一同奮起しています。

（三セク鉄道だより27号、2008年4月1日発行）

秋田内陸線の存廃論議の中で

秋田内陸縦貫鉄道(株)代表取締役専務　竹村　寧

厳しい経営環境にある多くの第三セクター鉄道の中でも、毎年経常損失額がワーストスリー内の地位を占めるほどの秋田内陸縦貫鉄道株式会社が今日まで廃止されずに生き永らえてこられたのは、県や沿線自治体の支援を受け続けてこられたお陰です。しかしながら、歯止めが掛からない利用者数の減少や沿線自治体の財政状況の悪化等から、秋田内陸縦貫線の存廃論議が地方自治体の議会をはじめとして活発化し、存続を求める地域は勿論、県内外の支援活動が白熱化してきています。こうした状況につき報告させて頂きます。

秋田内陸線の生い立ち

当社は昭和59年（1984）、第三セクター方式により設立されました。それまでの阿仁合《あにあい》線と角館《かくのだて》線が昭和61年（1986）11月からそれぞれ秋田内陸北線・南線として先行開業し、平成元年（1989）4月1日には鷹巣《たかのす》駅から角館駅まで全線94・2キロメートルが開業しました。

資本金3億円。社員数64名うちJR出向者4名。

線路設備　単線。駅数29駅。踏切67カ所。トンネル20カ所。

雪の阿仁合駅（秋田内陸線サポーター提供）

橋梁322カ所。車両数15両。

三セク鉄道共通の環境

地域の過疎化、少子高齢化、並行道路の整備、モータリゼーションの進展等による鉄道利用者の減少。バブル経済崩壊による低金利は基金の金利果実造成を阻害し、損失補填効力を低下させるどころか、基金それ自体を食いつぶす結果に陥っております。また、国や地方自治体の財政悪化から、従来の支援規模が縮小されてきています。こうした環境が当社にとりましても例外でないことは申すまでもありません。

「頑張る3年間」の取り組み

平成12年度（2000）に経常損失額が3億4300万円のピークに達し、今後の経常損失額を削減するため従来の会社業務のあり方に対し、改革の視点で見直すため、社外委員と社員とで平成14年度（2002）から16年度（2004）までの取組方針「頑張る3年間」を策定しました。

これにより、ダイヤ改善をはじめ各種の新企画列車やウイークデー定期等の新サービス制度を設けると共に、サポーター制度もできるなど一定の成果がありましたが、その後の乗車人員の減少に歯止めは掛かりませんでした。

秋田内陸線沿線懇話会

平成13年度（2001）以降、自治体の補助金上限額を3億円と定めて取り組んできましたが、経営環境はますます厳しさを増し、バス転換に向けた意見が出るなどマイレール意識の低下や地域の支援体制に温度差が生じたため、県が沿線市町村と共に沿線地域交通の今後のあり方も含めて模索するため懇話会を設立して、8回の会議を重ね今後の方針を示しました。その結果、「県、沿線自治体は過去の経営改善の反省に立ち、今後の再生計画の策定及び実施に向けて不退転の覚悟をもって取り組み、実施状況と結果について検証していくこと」そして、今後の自治体の財政負担については、「補助限度額を現行の3億円から毎年10パーセントずつ漸減し、5年後には1・5億円程度まで引き下げることはやむをえない」とされました。

「秋田内陸線再生計画」と秋田内陸線再生支援協議会

「懇話会」で示された方向性を実現させるため、県、沿線自治体、商工・観光団体、存続支援団体、内陸線サポーターからなる秋田内陸線再生支援協議会を設立し、「秋田内陸線再生計画（平成18～22年度）」を策定すると共に、今後の検証も行うこととされました。

主な内容は、「整備の目標・効果」「5年間における具体的な整備内容」「沿線地域計画との連携」「観光とのタイアップ計画」「関係自治体、地域関係者の支援」「計画推進体制の確立」「フォローアップ計画」からなるものです。

あらたな「内陸線の存廃論議」

平成18年度（２００６）は再生計画目標輸送人員66万３０００人に対し、実績が50万人、計画目標経常損失2億２８００万円に対し実績は2億６２００万円と計画実施初年度目から目標値と大きく乖離する結果となりました。

この実績結果を受けて、平成19年（２００７）6月県議会の場で、最大株主である秋田県知事が「どこかで歯止めをかけなくてはならない。基金の体力も見極める必要がある。1年以内に存廃の結論を出す」との考えを示しました。

これ以降、沿線地域をはじめ支援団体等による存続運動や利用促進運動が一層活発化し、各種団体の存続要請活動、署名活動等が広がりを見せ始めると共に、当社でもツアー誘客による観光客の増加や、サポーター等の協力による各種企画列車の取組により利用客の増加に努めて参りました。

最近の状況

知事自ら沿線地域住民や自治体と話し合う機会を設けて意見交換を重ね、「地域が利用しなくては残す意味がない」として具体的な利用者増につながる行動を求めたり、「県民運動として盛り上げる必要がある」として、県内８地域振興局に利用促進のための予算措置が図られました。

その結果、沿線自治体職員による通勤定期利用増が図られたり、各振興局単位に応援クラブが作られ、独自の内陸線体験型利用により新たな利用者発掘につながる試みを実施するなど存続に向けた運動の高まりをみせております。

今後の行方

平成20年（２００８）９月に結論を出すとした知事は、沿線市長や市議会議員との意見交換等を今まさに積極的に行っております。８月のお盆明けに開催された知事と沿線２市長とのトップ会談により「存続の方向で今後更に検討（財政負担等）を深める」こと、「存続には三位一体が欠かせない」との合意がなされました。

平成19年（２００７）来、県、沿線自治体、会社の担当課長レベルで存続に向けたスキーム作りの研究会を重ねて参りました。この作業を通じて言えますことは、「存続の結論を得ることは、支援団体や会社は勿論、生活の足が確保される地域にとっても嬉しいことですが、それを維持していくことは会社のみならず地域にとって今まで以上の膨大なエネルギーが必要とされる」ことです。

今後、どのような展開になるのか現時点（平成20年8月末）では明言することはできませんが、今後も国土交通省様をはじめ協議会の仲間の皆様のご指導ご支援を賜りますようお願い申し上げます。

（三セク鉄道だより28号、2008年10月1日発行）

鉄道生活の還暦を過ぎて

土佐くろしお鉄道（株）取締役運輸部長　立石光弘

私は、昭和40年（1965）3月国鉄四国支社に採用され、多度津《たどつ》機関区へ配属。41年（1966）7月松山気動車区伊予西条支区SL機関助士、49年（1974）8月気動車運転士、60年（1985）4月高松運転所助役、平成6年（1994）4月研修センター主席、10年（1998）高知運転所指導助役を最後に、平成12年（2000）3月四国旅客鉄道（株）を退職。平成13年（2001）11月土佐くろしお鉄道へ就職し現在に至っています。

機関助士の思い出

昭和41年（１９６６）７月あこがれの乗務員として、ＳＬの機関助士になりました。しかしＳＬの罐焚きは想像以上に過酷で重労働でした。伊予西条～松山間80・１キロメートルを走行するのに約１・５トンの石炭を右手１本で投入しなければならず、その間に信号の確認、前方の踏切確認等機関士との連携で安全を確保するという非常に忙しい作業の連続でした。また当時は貨物列車が多く、深夜乗務の連続で生活のリズムが昼と夜が逆になって苦労したものです。今では、テレビやビデオで当時の映像をみるとブラスト（排気音）の音が心地よく聞こえ非常に懐かしい思いがよみがえり、もう一度乗務してみたい気持ちにさせられます。

運転士見習い及び運転士

昭和49年（１９７４）５月から気動車運転士見習いとして列車のハンドルを初めて握り、教導運転士に運転の方法を１から教えられました。機関助士で乗務していた区間の見習いでしたので、他の見習い運転士より比較的楽な期間でしたが、ブレーキ操作には苦労させられたものでした。

念願かなって運転士の辞令を受けたときは、人生最大の喜びと思いましたが、運転士としての初乗務は緊張と怖さばかりで列車を運転できる嬉しさは全くありませんでした。しかし、慣れというものは怖いもので、半年も経つと忘れてしまっていました。そのときの気持ちを新人の社員や運転士に必ず話し、初心を忘れないよう指導することを心がけております。

土佐くろしお鉄道に就職して

平成12年（2000）3月JR四国を退職し、約1年半ほど無職を経験し、その間自分のできる仕事は何だろうと考えましたが、長年鉄道の仕事をしてきた自分にはやっぱり鉄道の仕事しか出来ませんでした。

幸いにも土佐くろしお鉄道阿佐線（ごめん・なはり線）の開業準備室に採用され、運転担当課長として運転士の教育計画、鉄道建設公団（現在の鉄道建設・運輸施設整備支援機構）の事前監査の立会い、四国運輸局の保安監査を受け、平成14年（2002）7月1日阿佐線（ごめん・なはり線）の開業を行いました。

土佐くろしお鉄道の紹介

弊社の総営業キロは約110キロメートル、社員数110名、鉄道収入約11億円とよく1が並びます。路線は、高知県の東と西に遠く離れており、東は「ごめん・なはり線」、西は「中村線・宿毛線」で、それぞれの生い立ちは違って、開業後それぞれ6年、20年、11年経過しています。

路線を詳しくご紹介させていただきます。四国というと先ず頭に思い浮かべるのが八十八ヶ所巡りのお遍路、高知というと鰹のたたき、四万十川と思います。まず、東の「ごめん・なはり線」

ごめん・なはり線を走るオープンデッキ車両

は、沿線は高知市のベッドタウン的色調の強い路線で、後免駅（JR四国）～奈半利駅までの42・7キロメートルです。この路線の海岸線は柔らかい曲線美が女性的な感じで結構感動を与えてくれます。史跡としては、山内一豊、坂本龍馬他、靴が鳴る等の童謡作家の弘田龍太郎、三菱財閥創始者の岩崎弥太郎の出身地でもあり、またフランスの画家モネの庭を再現した『モネの庭・マルモッタン』など楽しみの多い観光名所があります。また阪神タイガースのキャンプ地の安芸球場もあり、シーズンには沢山のファンが訪れています。その他、アンパンマンで知られる『やなせたかし先生』のデザインによるキャラクターが20駅全てに用意され、各駅にはモニュメントを設置し、また車両にも描いており、各方面の方々に楽しんでいただいています。またその着ぐるみ20体を沿線自治体（ごめん・なはり線活性化協議会）に製作していただき、各種イベントで活躍しています。

次に、西の「中村線・宿毛線」は窪川駅（JR四国）〜宿毛駅まで66・6キロメートル、JR高知駅より窪川駅を経て終点の宿毛駅まで所要約2時間で、沿線の海岸線は東とは対照的に荒々しく男性的な感じがします。沿線には日本最後の清流といわれる四万十川があり、自然たっぷりの景観、川カヤック、川遊び、また食べ物は、天然鮎、鰻、川エビ、青さのりなどがあります。

また、四万十川以外にも黒潮流れる海岸線では、海の幸として、清水さば、鰹など、また観光名所として土佐清水市の足摺岬、大月町の大堂海岸、黒潮町沖でのホエールウオッチング、磯釣りやスキューバダイビングが楽しめる柏島やサーフィンの入野海岸、平野海岸等、若者のメッカとしてシーズンには賑わっています。また、中浜万次郎ことジョン万次郎の出身地でもあります。土佐くろしお鉄道沿線には、心が躍る・観る・体験・食物など自然が豊かです。

このように弊社を取り巻く自然環境はなかなか豊かなものがあると思っていますが、十分な案内が出来ていない部分もあり、更に情報発信に努力を傾けていかなければと思っています。

運輸部の仕事

平成16年（2004）4月、安芸事業本部から中村事業本部へ転勤を命ぜられ、運転部次長として運転士の自社養成を行うこととなりました。

当初は、資料もなく手探りの状態から教本を作成し、運輸局との折衝を重ねながら、受験準備を進め同年9月から学科教育を始め、合格率100パーセント11人の免許取得をしています。

平成16年（2004）7月から運輸部長を拝命し、中村事業本部及び安芸事業本部の列車運行や鉄道車両、各種規程類の管理、運輸局への許認可申請等多忙な毎日を送っています。

重大事故の発生

平成17年（2005）3月2日、宿毛駅にて特急列車が車止めを乗り越え正面のエレベーターに衝突、運転士が死亡、乗客11名のうち10名が負傷するという重大事故が発生しました。CTC指令員より報告を受けた時は状況が全く理解できなかったため、何の指示も出来ず現場へ向かいました。現場へ到着し目の当たりにした光景は口では言い表せないほどひどいものでした。

本社に事故対策室を設置し、対応を協議しながら報告書を作成したり、現場への指示や関係者との打ち合わせ等、息つく暇がなかったことが記憶に残っています。今思うことは、現場の復旧や処理は高知県や沿線市町村、JR四国等関係者の温かいご支援をいただき、会社の倒産という最悪の事態は免れましたが、お客様からの信頼を失ったことが残念でなりません。

弊社では、平成10年（1998）6月、伝令法による取扱いを誤り重大事故が発生しましたが、今回とは原因の違いがあっても重大事故が発生したことに変わりはなく弁解の余地は全くありません。これを教訓に社長以下社員全員で事故防止に取り組んでいるところです。

最後に

平成16年（2004）運輸部長に就任した際、前任の部長が第三セクター等協議会安全対策委員会の委員であったため引継ぎを受け現在に至っています。この専門委員会では、安全対策は勿論、運転士養成や技術の継承問題、車両故障対策等にも取り組み情報交換を行っています。

鉄道生活42年、諸先輩方から教えられ、同僚の協力をいただきながら還暦を過ぎてしまいました。部下や後輩には厳しい上司であったと思いますが、これからも厳しく無事故を継続するため、微力ではありますが全力を尽くす所存です。

（三セク鉄道だより29号、2009年4月1日発行）

注：「土佐くろしお鉄道の紹介」の部分は" 三セク鉄道だより" 第28号「副会長を拝命いたしまして　土佐くろしお鉄道（株）代表取締役社長　池田義彦」より転載しています。

" アイデア鉄道" フラワー長井線！　山形鉄道（株）代表取締役社長　野村浩志

駅前で駄菓子屋を開いていた男がその鉄道会社の社長に？

4月1日。エイプリルフール。そう、ウソのような話。なぜか私は、山形鉄道の「公募社長」

に就任してしまいました。「お父さんが地元の名士なの？」「89名の中から選ばれたなんて優秀ですね」「あんた鉄道オタクだから道楽で？」「奥さん、大丈夫なの？」……と皆さん、私をまるで動物園のパンダを見るような目で見つめます。正直、私は優秀な人間でもなければ、金持ちのボンボンでもありません。その証拠に私は、40歳になっても「主任」という肩書きしか与えられなかった旅行会社に勤務する駄目サラリーマンでした。

ところが、こんな私に小さな奇跡が起こります。趣味でローカル線の風景画を描いていた私は、改造して色を塗った軽ワゴンに自分の絵画を積み込んで、「移動式美術館」の活動をはじめます。

しかし最初のころは、薄汚い格好をして、ただ絵画を並べていただけだったので、だれも私の所など寄り付いてくれません。そこで、私は「絵画を見ていただけないのなら、駄菓子や昭和時代のなつかしいグッズ（古い看板）などを並べてみよう」と一計を案じます。ちょうど映画「三丁目の夕日」が大ブレイクしていたということもあってこの作戦は大当たりでした。「移動式の駄菓子屋」は珍しいということで、子供たちをはじめ高校生や大人の方々が駄菓子を買ったりくじ引きで楽しみ、ついでに私の絵画もみてくれるようになったのです。さらにこの活動が、新聞・テレビなどに100回以上紹介され、全国38都道府県で絵画展を実施するようになりました。

実は、この車を初めて展示した場所が、「フラワー長井線」の長井駅。そう、現在私が勤務している山形鉄道本社の目の前でその駄菓子屋を開いていたのでした。

「合コン」の発想で「ついでに乗ってもらおう」

このように、我々は、自分の鉄道や地域を中心に物事を考えてしまう傾向があります。しかし、観光客は、フラワー長井線や長井市が目的でいらっしゃるというわけではありません。首都圏には北海道・沖縄ツアー、豪華ホテルに宿泊し、食事までついて2万9800円で行けるツアーなど当たり前、都会の人は旅行先の選択肢がたくさんあります。そのお客様をどうしたら東北地方へ、さらに山形県に来ていただけるのか？　を考え、その上で「ついでにフラワー長井線に乗ってもらえればありがたい」という事を考える発想が大切なのだと思います。

これを私は「合コンの理論」と呼んでいます。かっこいい男性といっしょにコンパに出かけ、ついでに自分も、美人ではないけどちょっと性格のいい女の子を射止める。こういう作戦もアリだと思います。私の駄菓子屋活動もこれと同じ理論で、「ついでに自分の絵画を見ていただけた」のだと思います。

マイナスをプラスに！　自分の強みは弱点の中にある！

この活動を通じ、長井市を中心とした沿線の方々が私のことをかわいがってくれ、また、私もフラワー長井線を公私共々応援するようになっていました。そんな中、山形鉄道の若き運転士・

朝倉達夫君に出会います。「近々、関西からツアー客が来るおもてなしとして、沿線のガイドをしたいのだが、標準語がしゃべれない。教育を受けてないお前にはガイドなんて無理だ。観光客に失礼だと会社に大反対された」と私に相談してきました。「それ、面白いよ。やりゃ～いいじゃん。いつものベタベタな方言でガイドをやってごらん！」と無責任な私は、軽い気持ちでアドバイスをしました。結果は大好評。お客様は大笑い。それが口コミで伝わり、新聞、ラジオなどでも多数取り上げられました。その結果、4年前には365名様しか訪れなかった観光客が、各自治体、沿線の皆様、全社員の頑張りで平成20年度（2008）は1万7000名と、4年間で約46倍に観光客が増加しました。

5カ月で延べ60回マスコミに紹介される

このようなご縁や運で、私は現在、山形鉄道の新入社員兼社長をしています。この5カ月間は、とりあえず、「知名度をあげよう。どんなに小さな記事でもいいから週に1回は必ず新聞・テレビに取り上げられるぞ！」と自分や社員に言い聞かせ、効果はともかく、アイデアを連発してきました。「社内会議」ならぬ列車内で実施した「車内会議」「車内お誕生日会＝パッピーパスデー」「世界6カ国の留学生が乗車した車内キャンパス」「生ビール列車」「鉄道の大切さを理解してもらうための高校生への出前授業」「地区公民館への出前講演」「ロボット駅長」「日本一なが～いカレンダー」という、長井線という線名にちなみ、長さ約2メートル以上もある「なが〜いカレンダー」（現在まで約2万冊、売上にすれば1000万円にもなる大ヒット商品に成長）、芯の3分の1が赤、3分の2が黒で「早く赤字を削って黒字にしよう」という縁起ものの「黒字鉛筆（縁筆）」という商品や「方言ガイドイラストマップ」などのグッズを開発してきました。

その結果、この5カ月で、新聞・テレビなどに延べ60回以上フラワー長井線の活動が紹介されました。その中でも一番うれしかったのは、方言ガイドなど山形鉄道社員全員の頑張りが日本テレビ系のドキュメンタリー番組として全国放送されたことです。

旅行会社への売り込み方

私が旅行会社時代に経験したことを活かし、「旅行会社への売り込み方」を紹介したかったのですが、残念ながらもうスペースがありません。自分のPRになってしまい恐縮なのですが、平成21（2009）年10月上旬に私のこれまでの取り組みを本にして出版する予定です。その中に「旅行会社に売り込むヒント」も盛り込んでおりますので、興味のある方はぜひお読みいただければ幸いです。その名も「私、フラワー長井線『公募社長』　野村浩志と申します」という名の本です（苦笑）。この中にも書きましたが、私は、社長就任以前から旅行会社の立場として「全国のローカル線応援ツアー」を企画・集客して来ました。そのため、社長就任後、マスコミ各社から

私、フラワー長井線
「公募社長」
野村浩志と
申します
山形鉄道株式会社 代表取締役社長
野村浩志
山形鉄道
長井駅
この男、
絶対おもしろい
目指すぞ、経営黒字化、
地域再生、まちおこし
小さな駅前で駄菓子屋を開いていた男が
その鉄道会社の社長に？ 不思議な実話！
開業以来20年間赤字の
ローカル鉄道再建に挑戦中！
ほんの木
定価：本体1,500円（税別）

「フラワー長井線を観光鉄道化に」という切り口で私の考えが紹介されました。もちろん、この方策は重点施策の一つでもあるのですが、これはあくまでも「手段」です。昼間や週末の空いている時間帯に全国から観光客を呼び込み増収を図る。しかし本当の「目的」はその収益で経営を安定させ、市民の足を守り、鉄道を存続させることです。

「愛される長井線をめざす」というのが先代から引き継いでいる我が社の理念。それを受けて、「安全第一・お客様第一」というのが私の基本方針です。社員からの発案で今年（2009年）からはじめた「一本5000円 つり革オーナー」も地元の方の多大なる協力と社員の営業努力ですべて完売しました。鉄道会社はサービス業です。「自分たちの給料はお客様や沿線の住民の皆様から頂いている」という初心を忘れず社員と地元の皆様一体という気持ちでフラワー長井線の活性化、黒字化に私は努力を惜しまないつもりです。

最後になりますが、私は小さい頃「いじめられっ子」でした。いつも一人ぼっちで、さびしい時は鉄道を見に行っては、電車の絵を描いていました。いわば、鉄道に救われたのです。今度は、その鉄道に恩返しがしたい。フラワー長井線で小さな成功事例を積み上げ、全国に成功事例を作り上げ、東北地方全体のローカル鉄道の活性化のみならず、日本の赤字鉄道のお手本となるような仕事を示し、地方の活性化のお役に立ちたいというのが私の大きな夢です。

（三セク鉄道だより30号、２００９年10月1日発行）

乗ってみたくなるローカル鉄道をめざして

北近畿タンゴ鉄道（株）取締役経営企画部長　中島　茂晴

北近畿タンゴ鉄道（ＫＴＲ）は、京都府北部の丹後地域と兵庫県北東部但馬《たじま》地域を結ぶ第三セクター鉄道で、「宮津線」と「宮福線」の2路線を運営しています。

両線は宮津でＴの字の形で結ばれ、福知山、西舞鶴、豊岡の各駅でＪＲ線に接続しています。

宮津線は、大正時代末期から順次開業した国鉄赤字転換線で、営業路線距離は83・6キロメートルと長く、旧町市街地を結ぶ線路は一般道路との交差も多く、１０６カ所もの踏切が設置され、最高速度も85キロメートルに制限されています。

他方、宮福線は鉄建公団建設線を昭和63年（１９８８）に新線開業したもので、昨年（２００８年）７月に開業20周年を迎えました。営業路線は30・４キロメートル、大江山麓を縦断するショートカット路線で高架線であり、トンネルが全体の37パーセントを占めています。また宮福線は宮津線の宮津・天橋立間（１駅）を含め全線電化されています。このほか、両線の間には信号指令のシステムの違い、車両基地・運転指令の分離などさまざまな課題を抱えています。

沿線６市町の人口及び就学者数は長期的に減少しており、高齢者比率も都市域に比べ高くなっています。また、当地は古くから「丹後ちりめん」の大産地として栄えましたが、昭和50年代以降大きく縮小するなど、地域力は相対的に低下しています。

一方、この地域は日本三景・天橋立をはじめとする美しい自然景観、カニやブリ、とり貝など豊富な海の幸のほか、古代丹後王国を彷彿させる遺跡や羽衣、浦島伝説といった歴史ロマンや温泉など観光資源にも恵まれ、四季折々多くの来訪者があります。

また、沿線にはターミナルの３駅を除いても８つの高等学校があり、通学高校生が最大のお客様となっており、利用者のほぼ４割を占めています。

「経営活性化5カ年計画」の策定

ＫＴＲの利用者は、平成5年度（１９９３）のピーク時は３０３万人を数えましたが、その後は道路整備とモータリゼーションの進展、少子化などを背景に、平成7年度（１９９５）以降一貫して減少し、平成18年度（２００６）には２００万人の大台を割り１９４万人となりました。

宮福線の開業20周年、明年（２０１０年）4月の宮津線転換20周年を迎えるのにあたり、毎年10万人近く減少する利用状況に歯止めをかけ、将来にわたり持続できる鉄道とするために、平成19年度（２００７）～23年度（２０１１）の5カ年で再生させる活性化計画を策定いたしました。

そして、その実行を確かなものとするために、ダイヤ改正を着実に推進するとともに、平成19年（２００７）9月、創業来京都市内にあった本社を沿線の拠点である福知山市に移転し、社長の陣頭指揮のもとに、活性化がスタートしました。また、沿線の若手人材の育成を再生のカギと位置づけ、当社初の「自前運転士」もこの2年半で13人誕生いたしました。

便利で地域に愛される鉄道への取り組み

活性化の第一は、便利で快適、乗って楽しい鉄道をめざして、ダイヤ、列車の改善から始めました。ＪＲ線と自社2線の接続を飛躍的に改善するとともに、運行本数の拡大（１０３本から現在１１２本へ）、快速の増便、通勤通学時への特急車両の導入など、利便性・快適性を高めるダイ

童話「安寿と厨子王」で有名な奈具海岸をのぞむ「タンゴ悠遊号」

ヤ改正を実施してきました。
　とくに、利用者拡大が困難な定期客を増やすために、第三の定期券としてシルバー定期券や無記名全線パス等の「企画定期」を創設、さらに所定料金の5～8割引という超格安の定期券、特急回数券や沿線商業者との連携による定期利用者の優待サービスの開始などにより定期券利用を側面支援してきました。これらの結果、定期客は増加に転じ現在3年目に突入しています。また、収益の大半を占める定期外客の拡大に対しては、線内でもっとも素晴らしい車窓景観である海岸線を「タンゴ浪漫ライン」と銘打ち、景勝地での一時停止や、551メートルの府内最長の橋梁を徐行する「タンゴ悠遊号」を土休日に運行しました。現在は、平日も運行する「タンゴ浪漫号」をあわせて1日7本運行しています。特に昨年（2008年）からは、「感動ローカル列車に乗るバスの旅」などとしてバスツアー客の誘客キャンペーンを展開し、2008年度は286台のバス利用を得ました。クルマとの共存対策の第一弾です。

こうした企画切符やさまざまな列車企画は、「マンスリー企画」として一昨年（2007年）春から現在まで2年半にわたり毎月新規の企画を継続展開しています。その間、企画を充実させるために、営業企画会議の毎週開催、旅行業登録、ホームページの刷新や大型プリンターの導入によるPR強化等を推進してきました。

さらに、利用者の利便を拡大させるために、地元のバス会社と「たんごアクセスネット」をスタートさせ、天橋立エリアのバス、観光船、ケーブルカー等とKTRが一枚の切符で利用できる「天橋立まるごとフリーパス」を発売いたしました。これには地元の観光施設、飲食店、土産店など40店余が割引協賛に参加していただきました。今秋（2009年）、第二弾として「丹後半島・間人《たいざ》フリーパス」の新規発売を進めており、さらに降雪期までに、最大ターミナルである宮津駅に鉄道・バスの共同待合室の設置を準備しています。

地域との連携による魅力的な鉄道への取り組み

一昨年（2007年）10月から、高齢者の方をはじめ鉄道利用に不安をお持ちの皆様への対応としてトレインアテンダントを導入いたしました。えちぜん鉄道での成功は大きな刺激となりました。試行錯誤のスタートでありましたが、沿線の皆様やお客様に支えられ、この夏には全国版の時刻表の巻頭にも特集されました。さらに平成21年（２００９）４月からは京丹後市内の旅館のおかみさんによる「おかみさんアテンド列車」を運行しています。これは地域にもっとも詳しいおかみさんが、丹後ちりめんのはっぴ姿で下りの特急列車に乗り込み、お客様を列車内でお迎えし、ご案内するものです。

また、沿線自治体やサポーターズクラブと連携し、イベント開催や市民号の運行、駅周辺の植栽活動などを展開するとともに、車両リニューアル支援のトレインオーナーを開始し、一口５０００円で現在までに１７００口余の協賛をいただいています。

さらに一昨年（２００７年）実施した「乗ってみたくなるトレインデザイン・コンペ」には、地元はもとより全国からプロ、アマさまざまな方から２１９点の応募をいただき、そして車両リニューアルとあわせて最優秀デザイン作品を車体にラッピングし、「丹後ゆめ列車」と銘打ち昨年（２００８年）４月から沿線各地を笑顔で走っています。

こうした地域の応援に応え、夏休み期間中は子供運賃と沿線の提携観光施設が無料となる「ファミリー得とくクーポン」の発行や、沿線高校生による駅ホームのコンサート、車両基地での

「小学生てつどう教室」、経営幹部が日替わりで添乗するクリスマス列車の運行など、家族そろって親しめる鉄道をめざしてきました。

新たな課題の中でのチャレンジ

こうした全社あげての活性化取組みの結果、平成19年度（２００７）には12年振りに乗客が増加し、さらに宮福線開業20周年の昨年度（２００８年度）は、乗客数２００万人を回復させることができました。２年連続の増加となりました。

しかしながら、平成20年（２００８）末以降、想定外の不況と深刻な雇用不安が月を追って強まり、加えて2月は暖冬、3月末からは高速道路のＥＴＣ割引がスタートし、5月には新型インフルエンザ感染禍、その上に２００９年夏はかつてない長梅雨・低温に見舞われました。ビジネスや観光などの定期外旅客は5月以降、二桁のマイナスが続くなどきわめて深刻な状況が続いています。

沿線人口の減少、少子高齢化、道路整備の進展、安全対策のさらなる高度化、施設の老朽化など経営環境が悪化の度を増すなか、天気や景気などの外部環境の変化により経営が大きく左右される現状は、構造的赤字の地方鉄道にとっては経営の根幹を揺るがす深刻な厳しさをもたらしています。

経営の安定化のためには、これらの外部環境の影響を受けにくい体質への転換が求められ、地元の普段利用の強化が何よりも大切だと考えています。また、地域外客の拡大にも沿線1時間圏を安定旅客と位置づけ、沿線地域が持つ豊かな経営資源を活用したリピーター事業を展開することとしています。

また、同様な環境下で健闘されている三セク各社の経営事例はきわめて重要であり、皆様方との情報交換や連携をいっそう強め、将来にわたり維持しうる鉄道づくりを進めてまいりたいと考えています。

（三セク鉄道だより30号、２００９年10月1日発行）

第4章

路面電車は走る

見直される路面電車

路面電車は、最盛期であった昭和6年（1931）には67都市83事業者で運行され、総延長1479キロに達しましたが、自動車と同じ道路を走行することから、地方鉄道より直接的にモータリゼーションの影響を受けてきました。昭和47年（1972）に東京都で荒川線を残して全廃になったのをはじめ、1960年代以降廃止の途を歩み、現在では16都市18事業者、総延長215キロが現存しているに過ぎず、最盛期のわずか15パーセントの規模になっています。欧米の主要都市では、後述するように高規格型のLRTとして改良または再生していますが、運営はおおむね公営ないし準公営企業です。日本の特徴としては、公営事業者によるものが5路線と、富山県の万葉線および富山ライトレールが第三セクターによって運営されているほかは純民間で行われており、独立採算性が強く求められていることが挙げられます。

近年、地球環境問題への意識の高揚や高齢化社会への対応、またクルマ中心の社会への反省などから、衰退の一途を辿っていた路面電車が見直されています。まずは路面電車の歴史をひもとくため、日本と世界における路面電車とLRTの主要な動向をまとめた年表をご覧ください。

表4-1　路面電車の動き

	日本の動き		世界の動き	
1880年～	1890年 1895年	東京上野の博覧会で走行 京都で初の路面電車営業開始	1881年	独ベルリン郊外で 営業運転開始
1900年～	1903年 1931年	東京・大阪で運行開始 （昭和６）最盛期を迎える 67都市83事業者延長1479km	1903年 1919年 1937年 1949年	パリ、ロンドンで運行開始 アメリカで路面電車ピークに パリで廃止 ニューヨークで廃止
1950年～	1959年	警視庁、都電軌道敷内に車乗入許可	1952年	ロンドンで廃止
1960年～	1966年 1969年	マイカー元年 大阪、川崎で廃止		
1970年～	1972年 1974年 1976年 1978年	都電、荒川線を除き全廃 名古屋で廃止 仙台で廃止 京都で廃止	1972年 1978年	米交通省、路面電車の 復活推進決定 加エドモントンで 新型路面電車開業
1980年～			1986年 1987年	米ポートランドで開業 仏グルノーブルで 部分低床車登場
1990年～	1996年 1997年 1998年 1999年	建設省の補助制度創設 岡山で路面電車サミット開催 熊本交通局、独製超低床車導入 豊橋鉄道市内線150m延伸 名鉄美濃町線一部廃止 広島電鉄ＬＲＶグリーンムーバー投入	1990年 1992年 1994年 1997年 1998年	ブレーメン他で 100%超低床車登場 パリでLRTとして復活 仏ストラスブールで開業 パリで延伸（デファンス線） ポートランドで延伸（西線）
2000年～	2000年 2001年 2002年 2003年 2005年 2006年 2009年	西鉄北九州線廃止 技術研究組合で国産低床化 （～2003年） 三セク万葉線、 加越能鉄道を承継 国産ＬＲＶ、3都市に導入 鉄道総研、燃料電池路面電車の走行実験成功 札幌市電存続、 名鉄岐阜市内線他廃止 富山ライトレール開業 富山地方鉄道市内線に 環状ルート完成	2000年 2002年 2003年 2004年	フランスでLRT開業ブーム ロンドン・クロイドンで復活 仏ナンシーでTVR開業 仏カーンで ゴムタイヤ式LRT開業 ロンドンで混雑税導入 仏ボルドーで 架線レストラム開業

路面電車の盛衰

歴史的にみると、京都で日本初の路面電車が運行を開始したのは19世紀末で、パリやロンドンに先んじていたことは意外に知られていません。しかも、その動力源は琵琶湖の疎水だったというから実に環境にやさしいクリーンな乗り物だったのです。

その後、東京や大阪など多くの都市で敷設され、戦前に最盛期を迎えましたが、1960年代の急速なモータリゼーションの波に押されて廃止が続きました。道路を走る電車はもはや増え続けるクルマの邪魔者でしかなく悪者扱いされたのでした。クルマは高度経済成長期の昭和40年代に、カラーテレビ、クーラーと並んで3C（新3種の神器）と呼ばれ、生活水準の高さを象徴する耐久財であり、あこがれの的だったのです。〝いつかはクラウン〟という当時のCMがこれを端的に表現していました。昭和41年（1966）には乗用車が自動車の3分の1を超えたため、この年をモータリゼーション元年と呼んでいます。欧米では、日本より早い時期に路面電車は廃止にいたりましたが、その分自動車社会への対応も早く、1960年代半ばには価値観の変化が現れ始めました。

LRTの誕生

一般にLRTという呼称は、高性能な新型路面電車、路面電車の改良型といった意味で用いら

専用軌道を走るパリのLRT

れることが多いようです。この意味で１９７８年のカナダ・エドモントンでの開業が第1号とされ、その後、フランスなど欧米各国で整備がなされてきました。ＬＲＴは、旧来の路面電車を温存して近代化した〝改良型〟と、いったんは廃止された都市で新たに高規格路面電車として誕生した〝復活型〟に大きく分けることができましょう。大雑把にいってドイツやスイスは改良型、イギリス、フランスおよび北米は復活型の路線が多いようです。

北米での復活は、１９６０年代後半の旧西ドイツにおける路面電車の改良に大きな刺激を受けたものであり、旧型のストリートカー（Street Car）と区別するため、ライトレール（Light Rail）の新たな呼称を与えたといわれています。それならば、路面電車とＬＲＴは〝似て非なるもの〟として区別しなければならず、それによって得るところも多いと思われるからです。なお、ライトレールは英語圏の呼称で、フランスではトラム（Tram）、ドイツではシュタットバーン（Stadtbahn）と呼ばれることがあります。在来型との区別が難しいケースも少なくありませんが、現在世界のおよそ１００以上の都市でＬＲＴが開業しています。

年表において、日本には京都市での廃止から20年近く大きな動きがなく、逆に欧米ではＬＲＴの開業が相次いだことに注目してください。この間、日本は大きく差をつけられ、”ＬＲＴ後進国“と化したのです。

ところで、近年の日本におけるＬＲＴブームの火付け役となったのは、フランスで90年代前半に誕生した二つのＬＲＴであったと思われます。１９９２年に開業したパリのサンドニ線は、大都市圏で廃止された路面電車がＬＲＴとして復活を遂げた事例として京都や仙台等における復活構想のきっかけとなりましたし、１９９４年に開業したストラスブールのＬＲＴは、その大胆な交通政策と斬新なデザインの美しい車両が人気を呼び、当時多くの調査団が現地へ訪れたものです。旧建設省が路面電車に対する補助制度を打ち出したのはそのわずか2年後であり、欧米より25年遅れたと揶揄されたものの、翌平成9年（１９９７）は日本におけるライトレール元年ともいうべきエポックメイキングな年になりました。すなわち、熊本市が日本で初めてのＬＲＶを導

バスとの乗り継ぎが楽なストラスブールのLRT

入したのです。

優れたLRTの特性

ＬＲＴは、輸送機関としてはバスより大きく、地下鉄より小さい中量輸送モードです。通常は２〜４両の連接車が１編成を成していますが、連結により弾力性があり、軌道も道路面に限らず地下化・高架化が可能で、中心市街地におけるトランジットモール（一般の車両通行を抑制した歩行者と公共交通機関だけが通行できる街路）化や幹線鉄道との相互乗り入れが行われている路線も多くみられます。ドイツでは一時期、国鉄への乗り入れの関係で盛んに地下化が行われました。

在来型の路面電車との大きな違いは、新技術による走行性能の向上、専用軌道化・優先信号等による定時性・高速性の確保、低床車両による利便性の向上など、システムとして大幅にグレードアップしている点にあります。技術面では、騒音・振動の減少、加減速性能のアップ、車輪コントロール技術等の向上は目覚ましく、特にバリアフリー化・表定速度アップを目指した車両の低床化は必須の条件となりました。おおむね30センチ以下を低床といっていましたが、現在では一般的に実用化されています。環境面では、単位当たりのCO_2排出量やNO_x排出量はバスや自家用車と比較にならないほど低く、景観面でも、車両や停留所の色彩やデザインはもちろん、軌道敷の芝生化など街並みに配慮された整備が進められています。すなわち単なる交通機関でなく、都市のシンボルもしくは〝装置〟として機能しているといえましょう。

安い整備コスト

路面電車やLRTが近年脚光を浴びているのは、その利便性、環境適合性もさることながら、地下鉄等と比べて整備費が安いことが挙げられます。建設コストは軌道形態に左右されますが、基本的に用地買収が不要なためキロ当たり20〜30億円程度であり、地下鉄やモノレールなどに比べてずっと安価です。

整備費（車両費等を含む）を単純に路面長で除した単価でみると、地下鉄は200〜400億円で、コスト削減を図るため小断面で設計されたミニ地下鉄の都営大江戸線でも300億円を超えました。最近の地下鉄は、既存路線網より大深度に敷設されるため、建設コストは自ずと割高にならざるを得ないのでしょう。モノレールや新交通システムで100億円前後、沖縄都市モノレールで87億円でした。ガイドウェイバスやスカイレールなどでも50億円程度のコストがかかっています。

次に輸送力当たりの建設費の比較を試みますと、混雑時の1時間当たり1方向の最大輸送人員は、最大で、路線バスが800人、路面電車で2000～3000人ですが、欧米のLRTは、ラッシュ時に連接車を2編成連結し、路面電車よりフリークエントな運行本数を前提とすれば、輸送力は最大で約1万人となります。LRTの人・キロ当たりの建設費は30万円程度となり、およそミニ地下鉄の4分の1、ガイドウェイバスの3分の1のコストで済む計算になります。ただし、表定速度を考慮した実質輸送力当たりの建設費となりますと、そのメリットは小さくなります。

各地で登場する連接低床車

平成9年（1997）8月、熊本市交通局が国内初のLRVの運行を開始してから10年以上が経過しました。当時は「公営だからできること」との陰口も聞かれましたが、それは始まりに過ぎませんでした。平成11年（1999）には、広島電鉄の「グリーンムーバー」のような先進国

斬新なデザインの「MOMO」（両備グループ山本慶子チーフ提供）

表4-2 国内路面電車事業の概要（平成20年度　福井鉄道は除く）

都市	人口 万人	事業者	路線長 km	輸送人員 千人
札幌市	188	札幌市交通局・一条山鼻軌道線	8.5	7,549
函館市	29	函館市交通局	10.9	6,378
東京都	849	東京急行電鉄・世田谷線	5.0	20,655
東京都	849	東京都交通局・三ノ輪早稲田軌道線	12.2	19,035
高岡市・射水市	10	万葉線	12.8	1,140
富山市	42	富山ライトレール	7.6	1,876
富山市	42	富山地方鉄道・市内軌道線	6.4	3,643
豊橋市	37	豊橋鉄道・市内軌道線	5.4	2,935
大津市・京都市	89	京阪電気鉄道・大津線	21.6	15,965
京都市	147	京福電気鉄道・嵐山線	11.0	7,023
大阪市・堺市	173	阪堺電気軌道	18.7	7,571
岡山市	67	岡山電気軌道	4.7	3,472
広島市	115	広島電鉄・市内軌道線	19.0	40,190
高知市	33	土佐電気鉄道	25.3	5,454
松山市	51	伊予鉄道・市内軌道線	9.6	7,347
長崎市	44	長崎電気軌道	11.5	19,045
熊本市	67	熊本市交通局	12.1	9,568
鹿児島市	60	鹿児島市交通局	13.1	10,868
合　計	−	−	215.4	189,714

なみの大連接低床車も登場し、平成14年（2002）および16年（2004）には、国産メーカー・アルナ車両の製造による4タイプのLRV（シリーズ名は「リトルダンサー」）が鹿児島、松山、高知、函館および長崎の各市に相次いで導入されました。その後も、豊橋、富山で連接LRVが導入されています。

LRVは、2両連接車で2億円を超えるなど非常に高価です。ちなみに岡山電気軌道の「MOMO」が2億3000万円、万葉線の「アイトラム」や長崎電気軌道のLRVが2億2000万円でした。しかし、公共交通移動円滑化（バリアフリー）設備整備費などの補助を上手く活用すれば事業者の負担は軽減され、寄付などを募れば市民の〝自分たちの車両〟という意識も向上することが期待できます。

また、斬新なデザイン・色彩の連接低床車は人々の視線を引きつけ、これまで関心の低かった路面電車そのものを再認識させ、路線全体を活性化するツールとなります。岡山電気軌道「MOMO」の地を這うような美しいデザインを見てください。初めての人なら、誰もが目を見張るでしょう。当地では、RACDA（路面電車と都市の未来を考える会）という市民団体が積極的な啓蒙活動を行っており、この車両の導入に関しても大きな力となりました。車両の資金には、国、県、市から1億1000万円の補助を受けましたが、市の補助には一般市民からの寄付金500

万円が含まれています。

公営は別として、土佐電鉄、万葉線のように経営の苦しいなかで、補助金を駆使しながらLRVを思い切って導入していることを高く評価すべきでしょう。

依然厳しい路面電車の経営

事業規模

日本の路面電車は現在16都市18業者、総延長215キロが運行していますが、近年も廃止は続いており、この20年では路線長で65キロが減少しました。まず、平成9年（1997）10月には京都市営地下鉄東西線の開通に伴い京阪電鉄大津軌道線の3・6キロが廃止され、続いて11年（1999）4月には長良川鉄道と並走していた名鉄美濃町線の関〜美濃間6・0キロが廃止。さらに、12年（2000）11月には西鉄北九州市内線5・1キロが廃止されています。17年（2005）春の名鉄岐阜市内線・美濃町線の全廃については第1章で述べたとおりです。公営も安泰ではなく、札幌市電もその存廃を問われていましたが、上田文雄市長の先見のある判断によって当面の存続が決まり希望をつなぎました。

一方、わずかながら延伸の嬉しいニュースもあり、平成10年（1998）2月、豊橋鉄道は豊橋駅総合開発事業に伴い、建設省の補助を受けて市内線を１５０メートル延伸し、アクセスを改善させました。たかが１５０メートル、されど１５０メートルです。同社は、昭和57年（１９８２）にも新設された運動公園のアクセスとして井原～運動公園前間６００メートルを延伸していますが、費用の半額を市が補助しており、このような自治体の民営事業者に対する補助は当時としては画期的なものでした。土佐電気鉄道では、高知国体開催にあわせて県と市から補助を受けて、路面電車のＪＲ高知駅前乗り入れを平成13年（２００１）４月から開始。鹿児島市においても、九州新幹線の開業を受けてＪＲ鹿児島中央駅周辺で大規模な再開発が行われ、市電も平成16年（２００４）１月に電停を駅前広場へ１００メートル移設しました。新しい電停の周辺は軌道敷に芝生が植えられて低音化やヒート化防止に役立っているほか、花壇なども設けられ、まるで公園のように美しくなりました。最近では富山地方鉄道市内線の環状線が９４０メートルの延伸で完成、都心部の回遊性向上に大きな効果が期待されています。

このように延伸の距離は微々たるものであり、その動機も都市の再開発計画等にあわせたものですが、路面電車を積極的にまちづくりに活かそうとするこのような動きは極めて重要です。

インフラ面

日本の路面電車の軌道形態は、自動車との併用軌道のウエイトが高く、全線が併用軌道となっている路線が5つ（札幌市、函館市、豊橋鉄道、富山地方鉄道、岡山電気軌道）あります。また路線にはトンネルやドイツのような地下区間はありません。路線長は、最短は岡山電気軌道の4・7キロ、最長でも土佐電気鉄道の25・3キロであり、単純平均では12キロになります。クルマ利用との比較を考えますと、中心市街地が衰退し、集積施設が郊外移転しつつある現状のままでは、路面電車は衰退の一途を辿る懸念があります。欧米の路線はもっと長く、とりわけ国鉄との直通運転を実施しているドイツでは100キロを超える路線もあります。軌間は、1435ミリと1067ミリのほか、東京都と函館市が1372ミリを採用しています。軌間の違いは、欧米のLRVを導入したり中古車を融通する際にネックになることがあります。停留所は多く設けられており、平均駅間距離はわずか450メートルで、地下鉄の1キロ、高速鉄道の2キロに比較してずっと短く、利便性に富んでいるのが路面電車の大きな特徴の一つです。

輸送人員の推移

表定速度は、併用軌道比率などの形態により変化しますが、おおむね時速11～20キロの範囲にあります。都市部ではバスよりやや速いですが、優位性があるというほどではありません。従って、停車時間の短縮などでさらなる速達化が必要となりましょう。運行本数は、ラッシュ時で2～6分ごと、オフで8～30分ごとで、単純平均すると150往復／日ほどであり、地方鉄道の3

倍以上フリークエント（頻繁運行）です。”待たずに乗れる、次にやって来る車両がみえる“という安心感が路面電車の最大のセールスポイントで、停留所の多さと頻繁運行は、きめ細やかな面的輸送機能の必須の条件といえます。

料金は、路線長が短いことから過半の事業者が均一性を採用しています。その料金は１００円から２００円の範囲にあり、バスに比べて低い設定となっています。市の中心エリアや期間限定での運賃割引は多くの路線で採用されるようになりました。

輸送人員は、地方鉄道と同じくモータリゼーション等の影響から減少の一途を辿ってきました。歴史的には鉄道と異なりクルマと同じ道路を走行するため、より激しい”迫害“を受けてきたともいえましょう。

最近では平成2年度（１９９０）の2億７４００万人をピークに漸減し、13年度からは2億人を割りこみ20年度（２００８）は1億９０００万人となっています。ここ15年間では輸送人員で3割・輸送密度では2割も減少しました。一方、輸送人員の内訳をみると、定期外比率が7割を超えており”市民の気軽な足“もしくは観光客等の需要を窺い知ることができます（表2-2参照）。今までの傾向からみても、マイカー通勤による減少が大きい一方、定期外客の落ち込みは比較的軽微に止まっています。

利用者増への取り組みは、先ず走行環境の改善として、軌道敷内自動車乗入禁止の徹底、列車優先信号や案内板の設置などが行われています。車両面では、冷房化、低床化が進み、伊予鉄では〝坊っちゃん列車〟なるＳＬ類似の観光列車が登場、都営荒川線でもレトロ調の車両が人気を呼んでいます。車体広告やビール列車などの貸し切り運行も大きな収入源です。イベント列車には、イルミネーション列車、七夕列車、カラオケ、おでん、花、ディナーなどいろいろあります。ベンチに名前やメッセージを書くかわりに寄付をしていただくベンチドネーションのほか、富山ライトレールでは、電停の個性化壁として1面を5年で１００万円というように、企業の広告宣伝に使って貰う取り組みを実施しています。料金面においても、ＩＣカード、プリペイドカード、バスとの共通パス、各種割引制度、商店街とのタイアップ等が行われていますが、運賃の引き下げは利用者増加に繋がっているものの減益要因となっているところもあるようです。変わったところでは、地域通貨を介して清掃ボランティア活動に対しＩＣ乗車券ポイントを付与する東急世田谷線の取り組みが特筆されるでしょう。郊外鉄道線への直通乗入運転は路線長の短いハンディを克服する手段ですが、現在では広電宮島線だけになってしまいました。以上何れの取り組みも事業者の自助努力だけでは限界がありますので、行政の協力や地域社会のバックアップが不可欠で、いわば三位一体の取り組みが必須だと思います。

次に、各社別に輸送密度を概観しますと、東京圏の2路線を除けば広島電鉄と長崎電気軌道がずば抜けて高い値を示します。広島は年間４０００万人の利用者を誇る路面電車王国で、事業者のたゆまぬ努力と自治体の協力もあって路面電車は百万都市の基幹公共交通として市民権を獲得しています。長崎は地理的要因が大きいと思われます。坂の多いこの街は人口密度が高くクルマの保有率も低いからです。日本の路線の平均輸送密度は７０００～８０００人ですが、フランス２７００人（5市平均）、イギリス１３００人（4市平均）であるといいますから、欧米のＬＲＴ路線と比較するとずっと高い水準にあります。

損益状況と高い運行コスト

平成20年度（２００８）の営業損益を18業者合計ベースでみると25億円の赤字であり、過半の路線が恒常的赤字経営です。トレンドを辿っても例えば昭和56年度（１９８１）に45億円、平成3年度（１９９１）には40億円の赤字を各々計上していますので、収支は水面下であるものの、減収傾向の中での諸経費削減が奏功しているともいえるでしょう。各社別では、継続して黒字基調にあるのは、前述した広島、長崎の他、富山地方鉄道および岡山電気軌道の4社だけです。後2社は輸送密度が４０００人程度と低いものの、徹底したリストラで黒字を計上。他方、鉄道類似の人件費・設備コストが嵩む京阪大津線は大幅な赤字を余儀なくされ、行政の協力が得られず莫大な赤字を出していた名鉄岐阜市内線は既に過去帳入りし、いわば二極分化が進んでいるといえましょう。職員数と平均給与は一部の事業者のみ開示されていますが、概ね各社とも職員数の削減・人件費のカットを断行しており、阪堺電気軌道では十数年で職員は半減し、土佐電気鉄道においては大幅な減給がされています。

ここで路面電車事業の収支構造を他業態と比較しますと、路面電車は、バスや地方鉄道と同様に業態として赤字構造です（表2-3参照）。路面電車は売上高に占める人件費比率が63パーセントと高く赤字幅はバスよりも大きくなっています。車両走行1キロあたりの運行コストの比較では、JRや高速鉄道が700円弱なのに対し、路面電車は850円と2割以上高く、バスや地方鉄道よりも高コスト構造にあります。とりわけ運転費にコストがかかっていることが分っています。

冷たくいえば、設備的な負担が重い、もしくは〝装備に見合った収入を得られていない〟と表現することができるかも知れません。あるいは〝優れた利便性と引き替えに多大な金がかかっている〟ということになります。例えば地方鉄道と比較すると、営業キロあたりの要員数が3倍以上、車両保有数が5倍多く、定員に対する車両単価も割高で、それらが固定費増に直結しているのです。ちなみに新車の単価を定員で割れば、バス20万円、気動車100万円、LRV300万円となります。LRVは、両運転台車＋ハイテク機器搭載ゆえ高価で1編成あたり2～3億円もしますが、その割に定員は少ないのです。この業界の第一人者・柚原誠元名古屋鉄道副社長の言葉を借りれば、①変電所・架線など設備費が嵩むこと、②ノッチオン（モーターに通電）の時間が長くてノッチオフ（惰行）での運転が少ない、また力行と惰行の頻繁な繰返し・加速機会が多いため、電力をより消費すること、③低速度運行に伴う乗務員の時間当たりの生産性が低いこと、④運賃収受や改札を省略する信用乗車が実施できないことに起因するバス並みの小さい輸送力、などによるということになります。昔、柚原さんから「バスで赤字なのに、路面電車やＬＲＴで採算がとれるわけがありません」と教わったことが忘れられません。

これまで通り事業性を前提とするならば、車両と人件費コストの低減が必須となりますが、後者には手放しで賛成できませんし既に限界に近づきつつあります。国産化やリースなどを駆使したとしても車両コストの引き下げには限界があるでしょう。思うに、短い路線をコストのかかる電化設備と高額な車両を抱え、優れた利便性を維持しつつ、採算性を前提としてバスやタクシーと競争しながら、今までよくやってこられたとつくづく感心させられます。

路面電車はLRTへ再生を

路面電車に対する法規制

欧米で活躍するLRTと日本の路面電車とは、誕生・改良の経緯、車両や軌道形態などのハード面のほか、軌道法の規制などによる運行ソフト面での差があります。また、公共交通や事業採算性に対する考え方なども異なっています。そこで両者の特徴を強調して比較することにより、LRTへの脱皮を図るための課題が抽出できるかも知れません。

軌道運転規則に「連接した車両の全長は30メートル以内としなければならない」とあり、交差点の多い日本の道路で〝曲がりきれるか〟という不安が警察を慎重にさせているようです。しかしながら、幕張新都心や旭川、湘南台では連接バスが走行しており、広島電鉄のグリーンムーバーはわずかながら30メートルを超える特認を受けています。また同規則では「車両の運転速度は、動力制御付きのもので、最高時速40キロ以下、平均時速30キロ以下とする」と規定していますから、表定速度は時速30キロを超えることは不可能です。一方、LRTが速いのにはいくつかの要因があります。電車優先信号の存在、専ら専用軌道を走行できるという軌道形態の差、車両の低床化や乗務員が検札しない運賃収受システムの運用によって停車時間を大幅に短縮できる、など

表4-3　LRTと路面電車の違い

		ＬＲＴ	路面電車
ハード面	車両	新型連接車	老朽化　単車
	表定速度	速い20〜30km	遅い@15km
	路線形態	路面・高架・地下	路面のみ
	軌道形態	主として専用軌道	主として併用軌道
	交差点	優先信号	自動車と同じ
	快適性	低振動・低騒音	快適性に劣る
	乗降容易性	低床化、福祉対応	バリアあり
	輸送力（最大）	１万人／時間	2,000〜3,000人／時間
	トランジットモール	あり	なし
ソフト面	交通需要政策	クルマ規制	なし
	運賃収受システム	セルフ方式	乗務員検札
	事業採算性	薄い　公共事業	独立採算性
	運営費補助	厚い	なし

が挙げられます。低床化は、高齢者や車椅子のお客さんなど交通弱者への福祉対応という意味で捉えられることが多いですが、健常者であっても乗降がスムーズに行えるから停車時間が短くなります。また、ＬＲＴの多くはトランジットモールなどの市街地では低速で走行しますが、郊外に出ると専用軌道上を高速で走るため、路線全体でみると高い表定速度が得られるという運行形態にもよります。速度も輸送力を高める重要な要素ですから、バスなどとの比較において決定的に勝る必要がありますね。これには、ハード面における車両性能と走行環境の整備、ソフト面における停車時間短縮、等の工夫が必要になってきます。

最高速度自体は、駅間距離が短い市街地にしか現存していない日本の路面電車の実情では、車両の加減速性能にも左右されますが、最近のLRVの加速性能やブレーキ性能の向上は目覚ましいものがあります。軌道法は大正10年（1921）制定の古い法律で、LRT待望論者からはよく「道路交通法でクルマは最高60キロで走れるのに、同じ道路を走る路面電車が40キロというのはおかしい、改正すべきだ」との声を聞いたものです。

また昭和42年（1967）9月2日付の通達では、「前部乗車口を乗車口とし、後部乗車口を降車とすること（例外あり）、連接車はワンマンカーとして運行させないこと」としています。日本では、運転士が一つの扉から降車する多数の乗客の改札に勤しんでいるため、停車時間が長くなってしまう。私は、ある都市で市電に乗車した時、運転手がお客さんの降車時に「きちんと払ったか」「定期券を見せるように」と実に厳しくチェックし、実際にキセルしようとした人に支払をさせた場面に出くわしました。不正乗車はもちろんよくありませんが、それで表定速度が落ちてしまうのは事実です。欧米のLRTでは、乗客性善説に立ち、車内での改札は通常行いません。車掌の代わりに他の客がチェックしたり、抜き打ち検札で莫大な罰金を科すという〝保険〟がかけてあります。乗客はどの扉からでも乗降できますから、連接車を連結運転しても停車時間は低床効果とも相俟ってずっと短くできます。また、欧米でも無賃乗車率は2～5パーセント程度で意外に少ないとの報告も聞いています。

大切なソフト面の施策

運営システムについては、欧米ではバスや地下鉄など他のモードとあわせ、複数の自治体で組織される交通公団や運輸連合などの公的機関が担っているのが一般的です。運賃も経費の一部（20~70パーセント）を賄うのみで安く、かつバスなどとの統一サービス（ゾーン運賃など）が導入されており、交通税（フランス）、ガソリン税（ドイツ）、売上税（アメリカ）など独自の財源も確保されていることが日本との決定的な違いです。可住地の人口密度が日本に比べ低い欧米では、鉄軌道の輸送密度は極めて低く、そもそも採算を取るという発想に乏しいのではないでしょうか。そのうえ、モータリゼーション→公共交通の採算悪化に対し、〝不採算を理由に廃止すれば都市社会そのものが成立しなくなる〟〝社会に必要なものは利用者だけでなく地域（自治体）も応分に負担する必要がある〟という考え方から、税金の投入は常識となっているようです。

さてLRTは、ハード面での近代化とソフト面での工夫という合わせ技を駆使しているシステムです。この2つが揃ってこそ、旧式の路面電車から脱皮できます。そのなかで最も重要なものは何か？　といわれれば、私はTDM（Transportation Demand Management／交通需要政策）を挙げます。

TDMとは、自動車の効率的利用や公共交通への利用転換など、交通行動の変更を促して、発生交通量の抑制や集中の平準化など〝交通需要の調整〟を行うことにより、道路交通の混雑を緩和する取組みをいいます。具体的には、交通手段の変更、時間帯の変更、経路の変更、自動車の効率的利用、発生源の調整などの手法がありますが、最も重要なのは〝交通手段の変更〟でしょう。ＴＤＭにも、〝水曜日はマイカーは止めましょう〟という効果のないものから、自動車の通行は一切禁止するという断固たるものまで強弱さまざまなバリエーションがあります。

１９８９年、フランスのストラスブールに誕生した女性市長は、コストのかかる前市長のミニ・メトロ（地下鉄）計画を覆し、市内に溢れるクルマを都心部から排除せんと大胆なＴＤＭの施策を打ち出しました。それがＬＲＴの成功を導いたのです。一定の混雑エリアに進入しようとする自動車に課金するロード・プライシングは、〝発生源の調整〟としては強制力のある手段の一つです。国土が狭く道路拡張に限界があるシンガポールでは既に１９７５年より実施されており、フィヨルドが多いという地形的制約を持つノルウェーでも各都市で導入されています。ロンドンでは、１９９１年の検討開始から12年もの年月を要して、２００３年2月に導入を実現させることに成功しました。

新設構想を冷静に考える

さて、後述する富山ライトレールに続けとばかり、宇都宮市を筆頭に新設や延伸の構想があり全国的に気運が盛り上がっています。熊本、岡山、鹿児島など現存事業者の延伸は当然のこととして、堺市や豊島区の構想は既存の事業者が乗入れることにより活性化しサバイバルに貢献するため歓迎すべきものです。堺市では、市内東西ルートの必要性を重んじる市主導の計画で、地元の阪堺電軌は堺市内での撤退すら表明していましたから期待がかかっています。他方、ゼロからの新設構想では〝先ずＬＲＴ・路面電車ありき〟という感が強く私は直ちには首肯できません。それらの事業採算は初期投資を軽減しても極めて厳しく相応の赤字運行を覚悟しなければならないためで、たとえばイニシャルコストがなかった富山ライトレールでさえも平成20年度（２００８）は６７００万円の営業赤字です。宇都宮市では推進派市長が知事となった政治的要因が強く選挙公約と聞いていますが、具体的な実施計画まで踏み込めていないのが現実です。そのほかにも、京都市、川崎市、金沢市、枚方市、浜松市、静岡市など構想は目白押しです。

しかし、各地の構想をみてみると殆どがバスで十分な輸送量であり、採算だけを考えればその方がずっと安く済みます（そのバスですら赤字運行です）。バスは登坂能力やルートの変更などにおいて軌道系システムより遙かに機動性に優れていますし、電気低床バスも登場するご時世です。輸送モードの選択には慎重な検討が必要と考えます。新設構想のある都市で、ロンドンのような混雑課金を導入したところがあるでしょうか？　つまるところ中心市街地でクルマを排除し公共交通に回帰させる勇気が首長・行政にあるかどうかが問われているのです。商業との調整も現実問題としては難しいところでしょう。従って新設を夢想するより、いまある路面電車を少しでもLRTに近づけ、市民権を獲得し廃止を防ぐ＝存続を図ることがより現実的であると思います。

他方で、最近のフランスで開業が相次いでいるハイブリッド・トラムの急展開を考慮する必要があります。これは、TVR、CITADIS、トランスロールと呼ばれる新たな路面走行型新交通システムで、1本レールもしくは無軌条、架線レス、ゴムタイヤ装着などの特徴を一つまたは複数有するものです。トロリーバスの進化形、もしくはバスとLRTの中間形態といえるかも知れません。私は21世紀の都市内交通では"2本のレール上を架線から集電して走るシステム"はレトロなものになると予想しています。わが国でも、平成15年（2003）に鉄道総合技術研究所が燃料電池搭載路面電車の走行実験に成功していますし、川崎重工がニッケル水素電池駆動"スイモ"の実用化を進めています。また平成17年（2005）には景観法も施行されました。これらのシステムの整備コストはLRTより小さいとされ、採算面でも期待できるからです。

路面電車でまちづくり

街はコンパクトに

〝街づくり〟という言葉はそれこそ街中にあふれていますが、その定義は意外と難しいものです。ここでは、「ある地域が抱えている課題、たとえば道路などの整備状況や商店街の衰退、生活環境悪化など、に対して、ハードとソフトの両面から、その解決を図るプロセス」ということにしましょう。その切り口としては、渋滞緩和やゴミ問題などの環境的側面、病院や医師・看護師不足などの福祉的側面、街おこしや各種イベント開催などの観光振興的側面の3つがあげられます。近年、路面電車が見直されている背景には、緑化軌道やカラフルでデザイン性の優れた車両などが景観（環境）面で優れており、バリアフリーで乗りやすい（福祉面）、圏外からの客に大いに利用してもらう（観光面）という全ての側面において期待できるからです。ところで、街づくりを法的に規制しているのは、都市計画法、大店立地法および中心市街地活性化法で、これらを総称して〝街づくり3法〟と呼んでいます。いずれも規制緩和や地方分権推進といった流れの中で10年ほど前に施行されましたが、その後の改正で大規模集客施設の郊外立地を抑制するなど、いわゆる〝コンパクトシティ構想〟に向かうようになりました。

コンパクトシティ構想とは、その名のとおり、都市のスプロール化を抑制し、市街地のスケールを小さく高密度にして住みやすい街づくりを目指そうとするものです。モータリゼーションが進み、道路が郊外へ延伸整備されますと、ロードサイド型の店舗や住宅開発に拍車がかかります。そうなると、定住人口や人の流れは拡散し、いろいろな問題が出てきます。市街地の人口密度と都市施設の維持費の関係をみてみますと、住民一人当たりに要する維持費は人口密度が高いほど少なくてすみますから、住民一人当たりの負担額がほぼ同じとしますと、だいたい人口密度が1ヘクタール当たり40人ぐらいで負担額と維持費用が一致するといわれています。従いまして40人より少ない拡散した都市では、維持費の方が高くなり、行政サイドでは赤字が嵩むという結果になるのです。そのため、多くの都市でコンパクト化を政策に取り入れていますが、特に富山市と青森市が有名です。青森では増えすぎた除雪費用を削減するために中心市街地の再開発に重点を置いていると聞きます。ただ、コンパクト化するためには、クルマに頼らない公共交通網が充実していることが必要となってきますので、路面電車とLRT双方が活躍している富山市が筆頭にあげられるでしょう。

同市は平成19年（2007）2月に「公共交通の利便性の向上」「賑わい拠点の創出」「まちなか居住の推進」を三本柱にした中心市街地活性化基本計画が国から第1号認定を受けています。

富山ライトレール

富山市は人口42万人、人口密度は1ヘクタール当たり34人ぐらいで、国内で路面電車が走っている都市の中ではかなり少ない方です。富山ライトレールが平成18年（2006）4月に開業する前から、JR富山駅の南側に路線長6・4キロを有する富山地方鉄道が路面電車を運行していますし、バスや鉄道路線も展開し、地域の足を担ってきました。

平成26年（2014）に予定される北陸新幹線金沢延伸時には、現在の富山駅周辺を高架化する必要が出てきますが、JR富山港線を高架化すれば数十億の追加投資が必要とされ、年間数千万円の赤字を出すこの枝線の存廃問題が浮上します。同線は富山駅から岩瀬浜までを結ぶ8キロの地方交通線で、平日ラッシュ時は30分毎に電車が運行されるものの、昼間は1時間に1本程度気動車が単行運転されるローカル鉄道線でした。富山市は平成15年（2003）5月「廃止は時代に逆行する」として、利便性を格段にアップさせた新型路面電車として再生する方針を打ち出しました。事業会社は、富山市が33パーセント、県が16パーセントを出資する第三セクターとして設立。事業費は58億円かかりましたが、高架化しないために浮いた連続立体交差事業の補償金33億円という特段の原資をベースに、各種の補助制度を通じて国、JR、県および市の負担で賄われましたので、事業者の負担はほぼゼロに抑えられました。また赤字補填のための基金が設けられ、平成18年（2006）4月29日、公設民営の運営方式でスタートしたわけです。路線はJR時代の富山駅北と奥田中学校前間を廃止する一方で、道路にレールを敷設し1・1キロの併用軌道を新設しています。そのためこの路線は鉄道から軌道すなわち路面電車の仲間入りを果たすこととなったのです。新駅は5つ設け、一部では駅の命名権を販売するというアイデアを取り入れています。斬新なデザインの新潟トランシス社製新型LRVを7編成導入、車体色は個性豊かに彩られ、駅舎も含めて全体を総合的に管理するトータルデザインという手法を採用しているとのことです。車両はポートラムという愛称がつけられました。

富山ライトレール（同社ホームページより）

1日20往復から66往復、ピーク時には30分間隔から10分間隔の運行に改め、フリークエント化を実現。終電時刻を繰り下げるなど需要創造型のダイヤを設定、運賃はわかりやすい均一性を採用し、開業後約1年間は平日の日中や土休日は半額に割引されました。定期券とプリペイドカードは、パスカという愛称が付けられたICカードを導入しています。なお、パスカ利用者でラッシュ時には、日本の路面電車ではじめて信用乗車が認められるようになりました。これにより「後乗り前降り」のルールにこだわらず、後寄りの乗車用ドアからも降車できるようにすることで停車時間の短縮、表定速度のアップにつながっています。ライトレール開業以前に並行する路線バスがありましたが、競合を避けるため廃止されました。そのための代替輸送として蓮町と岩瀬浜の2駅を起点とするフィーダー・バスの運行が開始されています。軌道区間では、樹脂でレールを固定するインファンド工法を本格的に採用しており、騒音や振動の軽減を実現しています。

以上の結果、利用者数は増加し、開業後半年間の比較では、平日が2倍、休日では実に5倍を記録しました。各種の調査によると、ライトレール開業により高齢者などの新たな需要をも喚起したものと高く評価されています。

たのもしい環状線の復活

また平成21年（2009）12月には、駅の南側にある富山地方鉄道の市内軌道線を、西町停留所と丸の内停留所間940メートルを結節させてループ化する事業も完成しました。正確には昭和48年（1973）に廃止された部分ですので、36年ぶりの復活ということになります。

環状ルートは3・4キロ、延伸する部分のレールや電気設備等および新たに投入するLRV（2両連接車×3編成、愛称はセントラム）は富山市が建設購入・所有し、富山地方鉄道に貸すという〝上下分離方式〟を採用しています。日本の路面電車でははじめての例となり、これも画期的なことです。停留所は3カ所新設し、景観にも気を配っています。建設費は22億円。更に北陸新幹線開業時には、富山駅北の富山ライトレールと南の富山地方鉄道市内軌道線を富山駅前で接続することなどが計画されています。

富山市は人口密度も低いうえ、世帯あたりのクルマ保有台数も1・6台を超える全国有数のクルマ王国です。そのゆえ、クルマ社会を見直しこれからの人口減少と超高齢化社会に向けて、公共交通を軸としたコンパクトな街づくりを目指すことにしたのです。〝まちなか居住〟を促すため、公共交

富山市内軌道線路線図（同社ホームページより）

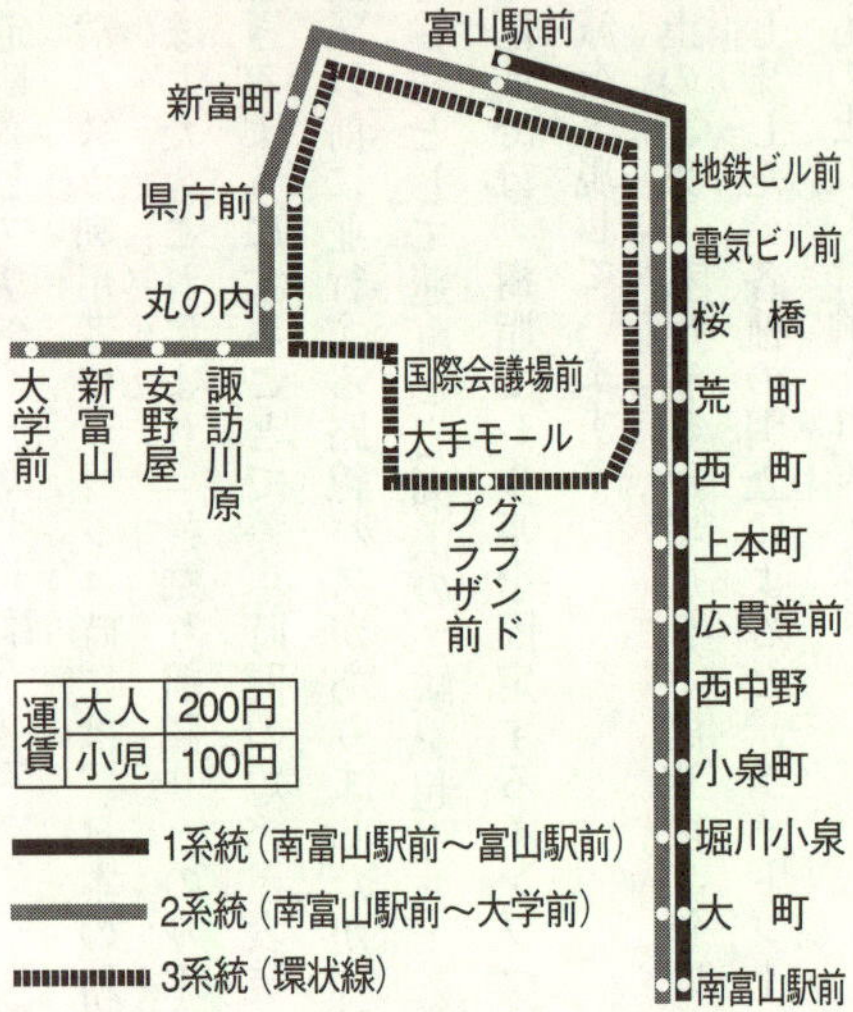

通沿線居住推進制度として、鉄軌道駅から半径５００メートル以内の地域に住宅を取得する際には1戸あたり30万円（建設事業者には70万円）を補助するなど、実に大胆な施策も講じています。

森雅志富山市長は「目先の損得ではなく20年先までのトータルコストを考えた戦略が不可欠」と言い切る。この強いリーダーシップ、類まれな先見性と勇気があればこそなしえたのでしょう。

第5章

がんばれ　観光鉄道

はじめに

観光産業はわが国GDPの2・4パーセントを占める裾野の広い産業であり、その振興は、交流人口の増加、雇用の創出、地域の魅力の発掘や育成などを通じて、地域の活性化に大きく寄与するものです。昨今、都市圏と地方圏の格差問題が取り沙汰されています。いま以上の地方の疲弊を防ぐため地元観光産業の活性化は必須の課題であり、観光地などで活躍する観光鉄道の役割もまた重要な比重を占めています。他方近年、遊園地にアクセスするモノレールや箱根および屋島でケーブルカーの廃止が相次ぎました。そこで本章では、観光鉄道の運行・経営状況を過去からのトレンドも含め概観し、あるべき方向性の一助にできればと思います。

観光鉄道とは

鉄道統計の機能別分類でいう観光鉄道とは、「主として観光旅客の輸送を行うモノレール、無軌条電車および鋼索鉄道の各線をいう」ものとされています。無軌条電車とはトロリーバス、鋼索鉄道とはケーブルカーを指します。索道（ロープウェイ、ゴンドラ、リフト等）は観光鉄道には含まれません。法律上は、ワイヤーロープによって地上を走るケーブルカーは鉄道で、ワイヤーロープに吊り下げられて空中を走るロープウェイは鉄道ではない、ということになります。しかし、旅客輸送用の索道の運営は鉄道事業法の適用を受けます。観光地の輸送力として索道も重要な地位を占めていますので補足的に説明していきましょう。

平成19年度（２００７）における鉄道事業法に基づく観光鉄道路線は、表5-1のとおり27事業者30路線あり、路線長合計では45キロになります。その他に旅館等が自家運行するものや産業用インクライン等がかなり存在しています。インクラインとは、産業資材等の運搬目的に建設された鋼索鉄道で、別名を傾斜鉄道ともいい、今は使われていませんが、琵琶湖疎水のインクラインが有名です。宮ケ瀬ダム（神奈川県）のインクラインのように一般の人が利用できるところもあります。

索道は、ロープウェイやゴンドラリフトなど閉鎖式搬器による〝普通索道〟と登山用やスキー用リフトである〝特殊索道〟に区分されます。現在開業中の総延長は１９００キロあり、そのうち普通索道は１８０基３２０キロで観光鉄道路線長の7倍の規模に相当します。

観光鉄道を鉄道の種類別にみると、ケーブルカーが23、モノレールが3、トロリーバスが2、新交通システムおよび普通鉄道が各々1路線となります。機能別に分類してみますと、テーマパークアクセス型（全てのモノレール、ラクテンチケーブル）、参詣型（坂本、御岳、鞍馬山などの

表5-1　観光鉄道の概要（平成19年度）

類型	名　称	所在地	事業者	開業	路線長 km	輸送人員 千人
ケーブルカー	青函トンネル竜飛斜坑線	青森	青函トンネル記念館	S63.7	0.8	73
	黒部ケーブルカー	富山	立山黒部貫光	S44.7	0.8	777
	立山ケーブルカー	富山	立山黒部貫光	S29.8	1.3	704
	筑波山ケーブルカー	茨城	筑波観光鉄道	S29.11	1.6	452
	高尾山ケーブルカー	東京	高尾登山電鉄	S2.1	1	869
	御岳山ケーブルカー	東京	御岳登山鉄道	S19.1	1	443
	大山ケーブルカー	神奈川	大山観光電鉄	S40.7	0.8	440
	箱根登山ケーブルカー	神奈川	箱根登山鉄道	T10.12	1.2	1,421
	十国峠ケーブルカー	静岡	伊豆箱根鉄道	S31.10	0.3	308
	西信貴ケーブル	大阪・奈良	近畿日本鉄道	S5.12	1.3	100
	生駒ケーブル	大阪・奈良	近畿日本鉄道	T7.8	2	92
	高野山ケーブル	和歌山	南海電気鉄道	S5.6	0.8	588
	男山ケーブル	京都	京阪電気鉄道	S30.12	0.4	293
	妙見ケーブル	兵庫	能勢電鉄	S35.4	0.6	94
	叡山ケーブル	京都	京福電気鉄道	T14.12	1.3	193
	坂本ケーブル	滋賀	比叡山鉄道	S2.3	2	187
	鞍馬山ケーブル	京都	鞍馬寺	S32.1	0.2	272
	天橋立ケーブル	京都	丹後海陸交通	S26.8	0.4	705
	六甲ケーブル	兵庫	六甲摩耶鉄道	S7.3	1.7	395
	摩耶ケーブル	兵庫	神戸市都市整備公社	T14.1	0.9	132
	八栗ケーブル	香川	四国ケーブル	S39.12	0.7	295
	帆柱ケーブル	福岡	帆柱ケーブル	S32.11	1.1	151
	ラクテンチケーブル	大分	岡本製作所	S25.6	0.3	92
トロリーバス	関電トンネルトロリーバス	長野・富山	関西電力	S39.8	6.1	977
	立山トンネルトロリーバス	富山	立山黒部貫光	H8.4	3.7	719
モノレール	ディズニーリゾートライン	千葉	舞浜リゾートライン	H13.7	5	15,370
	上野モノレール	東京	東京都交通局	S32.12	0.3	937
	モンキーパークモノレール	愛知	名古屋鉄道	S37.3	1.2	233
新交通	山口線・レオライナー	埼玉	西武鉄道	S60.4	2.8	1,102
普通鉄道	こどもの国線	神奈川	東京急行電鉄	S42.4	3.4	3,972

立山黒部アルペンルートで活躍するトロリーバス

ケーブルカー)、登山・行楽型などに分けることができ、また分析上も有意となりましょう。事業者は、大手民鉄が直営している路線が7路線、公営および公社がそれぞれ1路線(都営の上野モノレール、公社の摩耶ケーブル)、財団法人(青函トンネル記念館)および宗教法人(鞍馬寺)の運営がそれぞれ1路線あります。事業者の主要な株主をみますと、自治体出資の第三セクターが4社(立山黒部貫光:富山県、大山観光電鉄:伊勢原市、丹後海陸交通:宮津市、帆柱ケーブル:北九州市)、大手民鉄系列が7路線(京成系:筑波観光鉄道、京王系:御岳登山鉄道および高尾登山電鉄、小田急系:大山観光電鉄、阪急系:丹後海陸交通、京阪系:比叡山鉄道、阪神系:六甲摩耶鉄道)あるほか、神社仏閣が出資しているものが6路線(筑波観光鉄道:筑波山神社、御岳登山鉄道：武蔵御嶽神社、高尾登山電鉄：薬王院、大山観光電鉄：大山阿夫利神社、比叡山鉄道：延暦寺、四国ケーブル：八栗寺）もみられ、興味深いものを感じました。なおディズニーリゾートラインを運営する舞浜リゾートは、東京ディズニーランド&シーを運営するオリエンタルランドの100パーセント子会社です。

ラクテンチケーブルは別府市立石山中腹にある遊園地へのアクセスモードですが、遊園地は昭和4年（1929）開業という老舗です。園内にはトラや白クマなど猛獣もいる動物園やプールなどもあり、私はかつて子供たちと楽しい夏のひとときを過ごしたことがあります。しかし、その後運営する会社が経営難に陥ったため一時期休園、ケーブルカーも運休となり心配していましたが、結局大阪に本社がある遊具メーカー岡本製作所がスポンサーとなって再開、ケーブルカーもめでたく復活しました。

施設・運行面での特徴

現存する日本のケーブルカーは単線交走式で、電力による巻上機によりさながら井戸の釣瓶のごとく走行します。例外として、我が国で最初に開業した生駒ケーブルの鳥居前～宝山寺間の0・9キロは複線になっています。ケーブルカーの走行方式には、交走式（つるべ式）の他に循

立山ケーブルカー

環式があります。これはレールの間にエンドレスのロープ（鋼索）を循環させ、車両側にロープを掴んだり放したりする装置を付けたもので、サンフランシスコのケーブルカーが有名です。

路線の全長は最短207メートル（鞍馬寺）から最長2025メートル（坂本）で、平均すると1キロほどで、最大勾配200～608パーミルをロープに引っ張られて駆け上ります。日本一の急勾配608パーミルは東京の高尾山ケーブルカーですが角度では31度に相当します（図5-1）。運行間隔は、日中20～30分毎、ピーク時には折返増発されることが多く、終電時刻が早いのも特徴かもしれません。通勤通学に使われることがないから年末年始などを除いて早朝夜間は利用されないからです。しかし何年か前に比叡山の坂本ケーブルに乗ったとき、私の他

図5-1　ケーブルカーの構図
（高尾登山電鉄ホームページより）

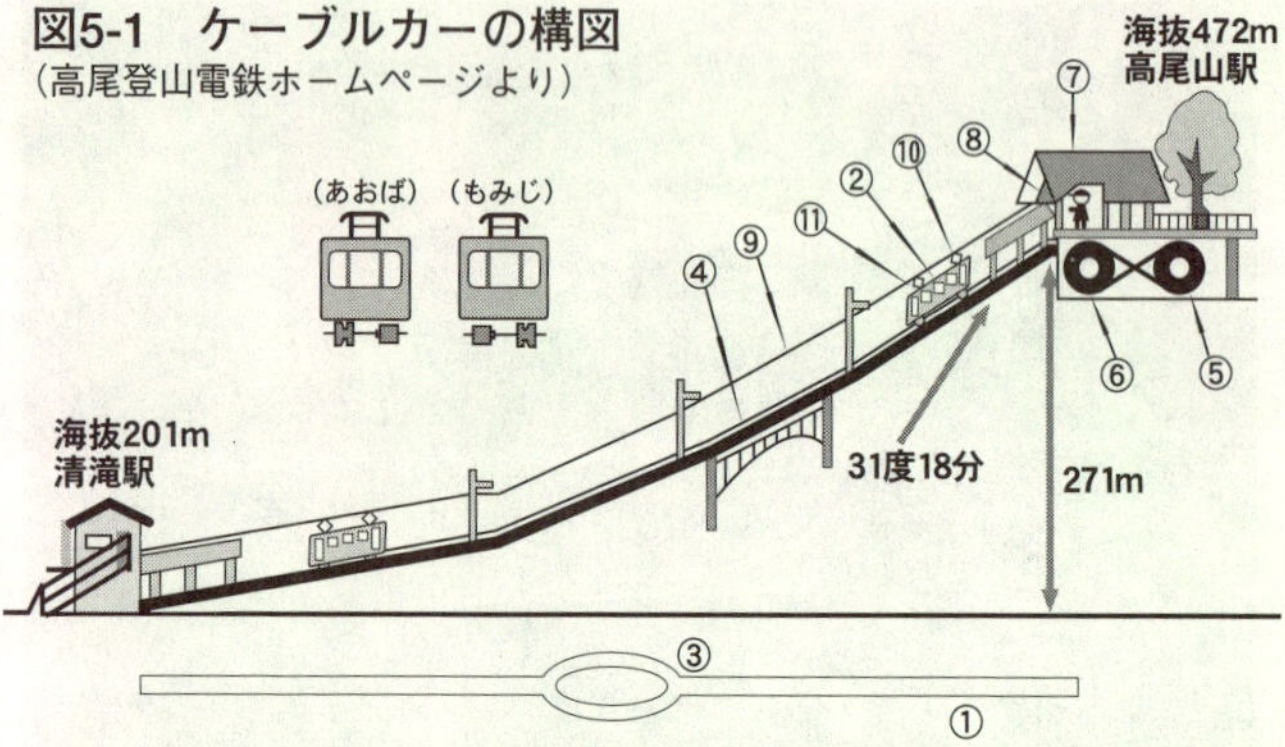

①線路＝斜距離1,020m／高低差271m／最急勾配31度18分　②車両＝自重10.9t／最大乗車人員135名　③行き違い箇所　④鋼索＝直径42mm　⑤主索輪＝4.2m　⑥従索輪＝4.2m　⑦運転室　⑧自動制御装置＝運転速度・秒速3.3m　⑨電車線＝照明、暖房に使用　⑩パンタグラフ　⑪誘導無線アンテナ＝電話、自動制御に共用

に延暦寺のお坊さんがひとり同乗していましたが、これは通勤といえるかもしれません。東京の御岳山に私がよく利用する山香荘という旅館がありますが、山上に生活する子供たちは通学するのにケーブルカーを利用していると聞きました。こうなると正に生活路線ですね。

ケーブルカーの路線によっては、冬季間は運休するなど季節によって運行形態に差があるところもあります。料金は単純平均すると大人片道450円程度で往復割引率は高く設定されています。

車両定員は100～150名程度ですが、六甲山や高野山、箱根では2両編成ですので輸送力はより大きなものとなっています。犬と猫をかたどった（ブルとミケ）生駒のケーブルカーやパステルカラーが美しい妙見山のケーブルカーなど車両そ

最急勾配を登る高尾山ケーブルカー

のものにも魅力が一杯です。

トロリーバスは、立山黒部アルペンルートの大町（長野県）側で関西電力が、立山（富山側）で立山黒部貫光が各々トンネル内を走行しているもので、立山側は自然環境保全の観点から平成8年（1996）にディーゼルから電化されました。冬季は4カ月強も運休となりますが、何れも30分間隔の運行、車両定員は72名で、料金は移動距離がやや長いこと等もあって1500、2100円（大人片道）となっています。今では立山黒部アルペンルートでしか運行していないトロリーバスですが、昔は都市部を中心に運行され「トロバス」の愛称で親しまれた輸送モードでした。昭和3年（1928）に開業した新花屋敷トロリーバス（兵庫県）が我が国初のものとされ、以降、京都市、名古屋市で開業。戦後は昭和26年（1951）川崎市で開業したのを皮切りに、東京都、大阪市、横浜市と公営で開業、ブームが到来したこともありました。この背景には戦後、石油燃料事情が好転しないという問題や、路面電車より建設費が安いという事情もあったようです。しかし、昭和40年代になると、クルマの増加に伴う道路渋滞や地下鉄建設計画などから、昭和47年（1972）に横浜市の廃業を最後にその姿を見ることは出来なくなってしまいました。

モノレールは、ディズニーリゾートラインとモンキーパークモノレールが跨座式、上野モノレールは懸垂式で、モンキーパークモノレールを除き運行間隔は短く料金も低廉です。名鉄のモンキーパークモノレールは羽田の東京モノレールの技術的基礎を築いた由緒ある車両でした。

西武山口線は、輸送力増強を企図して従来の狭軌普通鉄道線を案内軌条式としたもので、新交通システム基本仕様の第1号路線でもあります。東急こどもの国線は、横浜高速鉄道が施設を保有し東急が2種事業として運行する単線路線で、現在では通勤路線の色彩が濃くなった普通鉄道です（定期比率60パーセント）。

観光鉄道の運行面での特徴は、路線長が極めて短いこと、需要が正月、GW、紅葉シーズンなど特定の休日等に集中すること、しかもそのすべてが定期外の旅客ニーズに依存していること、ならびに他の鉄軌道線に比し料金に割高感があることなどでしょう。

輸送人員については、平成13年（2001）7月に東京ディズニーリゾート&シーを周回するディズニーリゾートラインが開業したため大きく増加しましたが、その影響を除けば減少傾向にあります。平成19年度（2007）輸送人員は年間3200万人ですが、その2分の1を同路線が占めています。輸送密度でも観光鉄道全体では地方鉄道の水準を上回っているものの（表2-2

参照)、ケーブルカーの平均値は僅か1260人で、モノレール3路線平均の15パーセントにすぎないのが現実です。

因みに、索道の旅客輸送は約4億人、そのうち普通索道は6000万人で観光鉄道の2倍の規模になります。しかしトレンドをみると、バブル末期の9億人をピークとして、とくに特殊索道の減少が大きく、半減しました。観光鉄道・索道の何れも景気変動のほか、レジャーの多様化・個性化、少子化および温暖化（特に索道）の影響を受け苦戦が続いています。索道にとりましては、若者のスキー離れが深刻で、スキー場の閉鎖も珍しくなってきました。

観光地アクセスとしての地位

観光鉄道の需要は、（アクセスするエリアの入込客数）×（移動手段としての分担率）で決定されると考えられます。そこでまず、観光鉄道がアクセスモードとして現在どの程度利用されているか、分担率いわば利用率を試算してみましょう。ある程度立地が特定できる12の観光地入込客のデータと観光鉄道輸送人員を比較してみます。表5-2によると、「青函トンネル記念館」や「西武園ゆうえんち」ではほぼ全ての客が観光鉄道を利用している計算になり、輸送モードそのものが本源的需要となっている立山黒部アルペンルートやTDLにおいてもかなりの利用率を誇って

図5-2　観光鉄道輸送および入込客数の増減率（5年間）

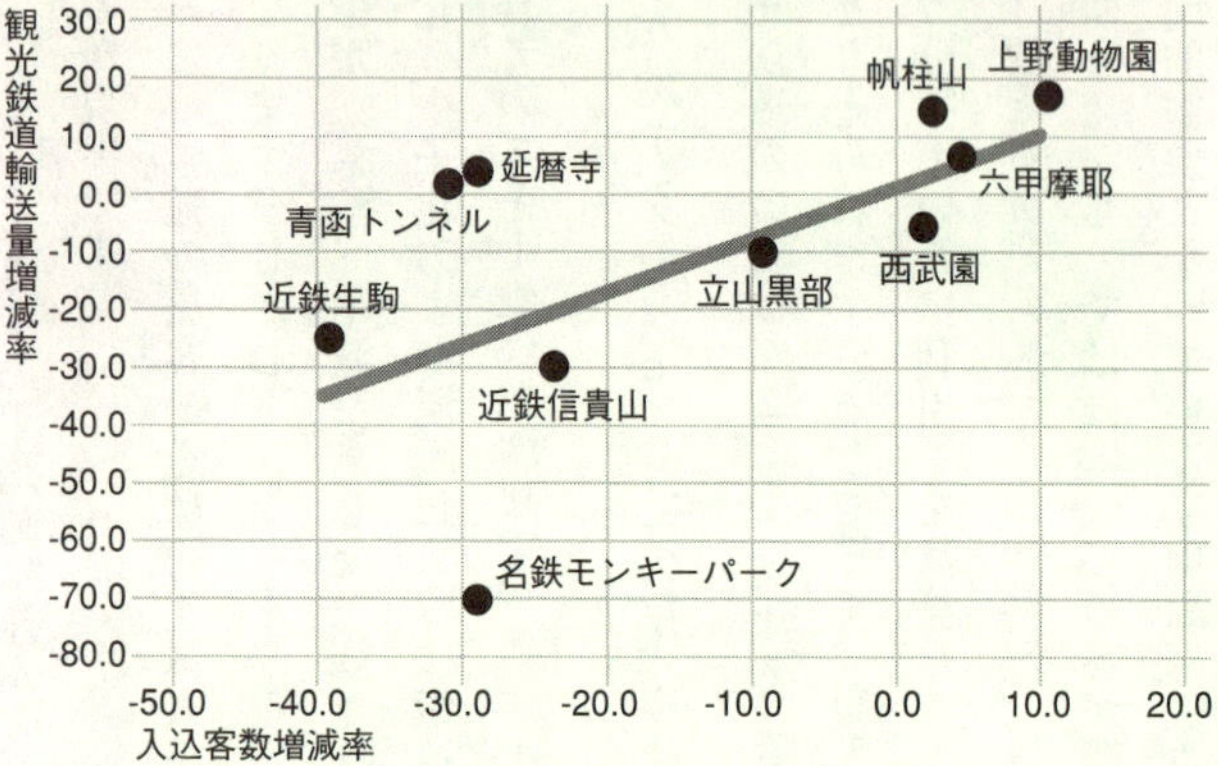

表5-2　入込客数と観光鉄道利用

観光地等	入込客数　A 単位：千人		観光鉄道 輸送人員B	B/A %
青函トンネル記念館	50	平成16年	85	170.0
立山黒部アルペンルート	1,039	平成17年	770	74.1
延暦寺	363	平成16年	153	42.1
天橋立	1,563	平成16年	807	51.6
六甲・摩耶地域	1,583	平成16年度	475	30.0
生駒地域	1,865	平成15年	534	28.6
信貴地域	1,116	平成15年	86	7.7
帆柱山	552	平成16年	156	28.3
東京ディズニーランド	24,766	平成17年度	16,466	66.5
上野動物園	3,385	平成17年度	923	27.3
日本モンキーパーク	595	平成17年度	210	35.3
西武園ゆうえんち	1,023	平成17年度	1,079	105.5

いる様子がわかります。

青函トンネル記念館のケーブルカーは、トンネル貫通後、工事用に使用していた斜坑を見学用に利用したものですので、とりわけ高い利用率を示しています。一方、西武園は遊園地の他にドーム球場やゴルフ場などを擁する複合レジャーエリアで、それらへのアクセス手段も多く、少し割り引く必要があるでしょう。

次に観光地のお客の入込み動向と鉄道の輸送状況の増減を比較します。図5-2は、継続してデータのとれる10地点における現状と5年前の計数と比較したものです。これによると、概ね正の相関が認められ、何れも増加したのが3地点、何れも減少しているのは6地点に及び、平成12年度（２０００）→17年度（２００５）をとれば西武山口線だけが入込客増かつ輸送減を示しています。すなわち、観光鉄道は観光地の集客動向に左右され命運を共にすることを示唆するものといえるでしょう。

経営状況

ケーブルカーがわが国に普及したのは大正年間で、戦前までに数多く建設されました。ところが多くの路線で、昭和19年（１９４４）頃太平洋戦争末期に鉄不足から国策によって撤去を余儀なくされました。戦後1番先に復活したのは高尾山ですが、そのまま廃止に至った路線もあります。1970年代以降は、ロープウェイに登山用モードとしての地位を奪われてしまいました。ロープウェイは、導入エリアの地形を問わず土地買収コストが安くてすみ、また環境破壊も少ないためです。更にモータリゼーションと登山道路の整備、国内観光需要低下などのあおりを受けてきました。未完成に終わった路線も多く、廃止路線は平成に入って箕面《みのお》、和歌山と続き平成17年（2005）には新たに2路線が過去帳入りしてしまいました。

車両走行1キロ当たりにかかる営業コストをみますと、観光鉄道全体では1キロ当たり3000円ですが、そのうちケーブルカー事業では約6000円という計算になります。路面電車が850円、地方鉄道で600円、乗合バスでは400円程度ですから、〝規模の経済〟が働かない局地的アクセスならではのコスト構造が窺えます。

鉄道部門の営業損益は、表5-1で開示されている事業者のうち6割の事業が赤字です。黒字経営は、首都圏を後背地に擁する路線（上野、筑波山、箱根）、排他的な利用が確保できる路線（立山黒部、天橋立）に限られています。紅葉の季節などには2時間待ちもザラという首都東京を地盤に良好なアクセスに恵まれる高尾登山電鉄においても営業努力は〝はんぱねぇ〟ものです。観光協会や商店会などとの地道な協議・連携を重ね、高尾山ビアマウント、紅葉祭り、冬蕎麦キャンペーンなど各種イベントを弛まなく開催しておられ、リピーターづくりに余念がありません。ここでは山上までマイカーは通行止めにし、営業車など許可を受けた車だけが限られた時間帯に走行できるようになっています。ここが大事なのでしょう。同社の押田秀雄運輸課長（当時）によれば「他の同業者さんから、どうすればおたくのようにケーブルのお客が増えるのかヒントを教えて欲しいと、よくお見えになられますよ」ということでした。

また、御岳登山鉄道のようにケーブルカー部門が赤字であっても、売店・賃貸など兼業部門の収入により全社ベースで利益を確保している事業者もあります。しかし利益を計上している会社であっても資産利益率は極めて低いのが現実の姿です。

観光鉄道の収支の構造は、舞浜リゾートラインの黒字化で現在は赤字から脱却しています（表2-3参照）。しかし、ケーブルカーだけでみると、売上高に占める人件費率は65パーセントに達し赤字構造です。財政面では、専業比率が高い事業者で債務超過に陥っているところもみられました。

さてここで大まかな市場の規模について補足したいと思います。レジャー白書によりますと、国内観光旅行部門のマーケット規模は年間約7兆円で、そのうち移動手段である鉄道は2割の1・3兆円となっています。観光鉄道の収入は約１００億円、索道の売り上げが約１０００億円ですから、トータルでみると余暇市場の鉄道マーケットのうちだいたい1割に相当するものとみてよろしいかと思います。ただ索道は平成4年度（1993）のピーク時には2000億円の運輸収入がありましたので、ここ15年で半分に落ちてしまいました。

廃止の要因

次に近年廃止された路線についてお話ししましょう。

昭和35年度（1960）に利用者195万人というケーブルカー路線で全国トップを記録した四国の屋島ケーブル（屋島登山鉄道）では、翌36年（1961）に開通したドライブウェイが利用者減少を招きました。屋島自体の入込客が、たとえば平成元年（1989）に174万人あったものが平成17年（2005）には57万人にまで落ち込んでいます。団体旅行の減少など観光の質的な変化も一因でしょう。更にここでは、ケーブルカーの料金がドライブウェイの料金に比べて2倍以上高いうえ、ケーブルカーの山上駅から屋島寺の参道まで結構遠く、つまりアクセスが悪かったために競争力を失ってしまったのです。平成15年度（2003）には利用客は6万人を割り込み、債務超過に陥りました。平成16年（2004）10月に自己破産を申請し運行を休止、翌8月末に公式に廃止に至ったものです。

そういえば日光のケーブルカーが、いろは坂の開通で廃止に至ったこともありました（東武日光鋼索鉄道線、1・2キロ、昭和45年廃止）。日光では昭和41年（1966）の第二いろは坂開通で渋滞が緩和され更にクルマが増えた結果、先ず昭和43年（１９６８）に路面電車である東武日光軌道線10・６キロが廃止。その終点駅・馬返《うまがえし》で接続していたケーブルカーが後に続いたというわけです。橋を渡る日光の路面電車はとてもノスタルジックで、古い映画やテレビなどでよく紹介されていましたので、ご覧になった方も多いと思います。

屋島のケースでは親会社の琴電が経営破綻していたため、子会社を支援できなかったという要因も無視できないでしょう。

西武系の伊豆箱根鉄道が運行していた駒ヶ岳ケーブルカーは、駒ヶ岳を東麓から頂上駅まで登り、徒歩で箱根神社元宮などがある山頂を経て西側のロープウェイで芦ノ湖岸の箱根園へ結節するルートの一翼でした。しかしケーブルカーの駒ケ岳登り口駅付近は集客施設がなく路線バスの本数も少ないうえ、山頂を歩いて同社経営のロープウェイ山頂駅まで行くとなると強風や霧の中での歩行を余儀なくされます。私は箱根へしばしば訪れていますが、ロープウェイで山上に行くと夏でも寒く、とても先へ進もうという気にはなれませんでした。すなわちライバルである小田急グループの〝ゴールデンコース〟に比べると、規模や快適性、シームレス感にかなりの差があったと思います。結局のところ〝箱根園からロープウェイで往復〟というのがスタンダードコースとなり、孤立したケーブルカーは平成17年（２００５）夏期の運行を以て廃止されました。ここでは客動線のありかたや輸送モードの複合娯楽化というポイントが指摘できるかも知れません。"ゴールデンコース"は「愛らしい登山電車から凛々しい本場スイス製のケーブルカーに乗り継ぎ、更にロープウェイで天空から大涌谷を眺め、芦ノ湖へ至る」というモードの複合化によって、乗ること自体を娯楽にすることに成功しています。

最近では、名鉄が運行するモンキーパークモノレール線が、平成20年（２００８）末で廃止されました。観光鉄道にカテゴライズされるモノレールの廃止としては、平成13年（２００１）２月の小田急向ヶ丘遊園線以来の廃止となります。何れも遊園地の入客減に加え車両施設の老朽化が要因となった模様です。近年、多くの私鉄が沿線で運営する遊園地を相次いで廃止していますが、遊園地の廃止というのも辛いものがあります。私は若い頃、独身寮が小田急沿線にあったため、夏場、向ヶ丘遊園地のプールには足繁く通ったものです。子供ができると冬場、スケートに連れて行ったりもしました。バラ園など美しく文化的に貴重な施設もあったので残念でなりません。

将来に向けて

ロープウェイは、近年においてもスキー用を中心として新規開業がみられ更新投資も行われていますが、ケーブルカーの開業は、例外的に昭和63年（１９８８）の青函トンネル竜飛斜坑線を最後に新設はなく、全て戦後の復活・高度成長期以前の設置によるものです。トロリーバスは前述しましたように、昭和30年代をピークに路面電車とともに大都市で活躍しましたが、昭和47年（１９７２）には姿を消しました。しかし海外では現在も多くの都市で健在で、近年では架線レス・タイヤトラムという全く新しい都市交通システムとして見直されています。

ところで観光鉄道には、国からの欠損補助金はもとより交付されませんし、地方鉄道などに助成されている設備の近代化向けの補助制度も適用されません。大手私鉄直営路線はともかくとして、地場の小規模事業者にとっては車両更新すらままならないのが現実であります。さきほど、鉄道の運命は観光地の動向に左右されると述べましたが、〝ケーブルカーがあるからそこへ行く〟というニーズも確実に存在し、観光鉄道が廃止されれば更なる入込客の減少、地方の衰退を招きかねない懸念があります。

地球温暖化が〝不都合な現実〟となりつつあるいまこそ、クリーンでスローな輸送機関である観光鉄道を再評価し積極的に利用、将来に遺したいと願っています。

”わが半生の記“より

立山黒部貫光（株）　金山秀治

立山の観光開発

立山の観光開発は、古くは大正にさかのぼりますが、戦争があって実現しませんでした。戦後に至り、当時、富山地方鉄道会長であった佐伯宗義（元衆議院議員、富山地方鉄道や加越能鉄道の創業者）が本格的に乗り出すことになりました。

昭和26年（1951）、電気事業再編成により、黒部川の水利開発権が関西電力にゆだねられ、黒部ダム建設に向かいます。黒部奥地と長野県にまたがる電源開発工事用道路が工事終了後に一般開放されると、富山県は立山黒部地域の観光資源としての価値を取られてしまうと佐伯は深く憂慮し、富山側の開発を進める必要があることを説き、戦後初の県総合開発計画に盛り込まれました。

この計画に基づき、県が立山の高原道路の建設を行い、粟巣野《あわすの》駅から千寿ヶ原駅（現・立山駅）までの鉄道線の延長、立山ケーブルカー、高原バスの運行と宿泊施設は佐伯を社長として新設する立山開発鉄道が担当し、両者一体で工事を進めることになりました。

立山開発鉄道が黒部川の電源開発と不可分の関係にあることから、同社は富山地方鉄道、関西電力、北陸電力の3社の共同出資により誕生しました。前述の事業はもとより、工事用道路（大町ルート）の一般開放を期待して立山～長野県大町市間の一貫交通の開放を視野に入れていました。

当時、佐伯は57歳の働き盛りで国会議員でもあり、目まぐるしい生活を送っていたようです。昭和26年春、富山地方鉄道に入社した私が佐伯の秘書になる3年前のことです。

昭和33年（1958）にはバスが弥陀ヶ原《みだがはら》まで開通し、関電の大町ルートも開通しました。立山開発鉄道は室堂《むろどう》から大町までの自動車道とバス事業の免許を申請し、関電は傍系会社による黒部ダム周辺の観光事業開発構想を発表。また、北電の有峰ダム建設も進み、一帯の将来が注目を浴びました。

このような状態の中、当時の吉田富山県知事が「山の夢」として「立山観光産業道路計画」を発表。周辺の立山、大山、上市、宇奈月の各町が共同して大町ルート単独開放の阻止と、立山・黒部・有峰の3ルート同時開放を迫りました。

このため、計画を白紙に戻し、改めて「立山黒部有峰開発」を設立し、千寿ケ原～大町間を一貫する道路、黒部峡谷・有峰盆地を含む観光産業計画について調査研究することになりました。佐伯がもくろんでいた、立山開発鉄道による大町市までの交通路開発は立山黒部有峰開発に託されることになったのです。

アルペンルート開通（立山の神が救ってくれた）

昭和35年（１９６０）５月、立山黒部有峰開発が設立され、初代北陸電力社長の山田昌作氏が社長に選任されました。立山黒部有峰開発の本社は富山電気ビルに置かれ、社員は出資母体の県、関西電力、北陸電力、立山開発鉄道からの出向による混成部隊でした。設立後、立山トンネルの開通やロープウェイ建設などあらゆる検討がなされました。

しかし、建設、経営主体が決まらず、また関電は黒部ダムの保全のため自動車道に慎重な姿勢であったので、先行きは不透明でした。加えて、山田社長が他界され、急きょ、金井久兵衛氏に引き継がれましたが、間もなく西泰蔵氏へと交代。事業は進展がなく、具体化にはほど遠いものでした。

私はこのころ、佐伯の議員秘書をしており、こうした時に佐伯の

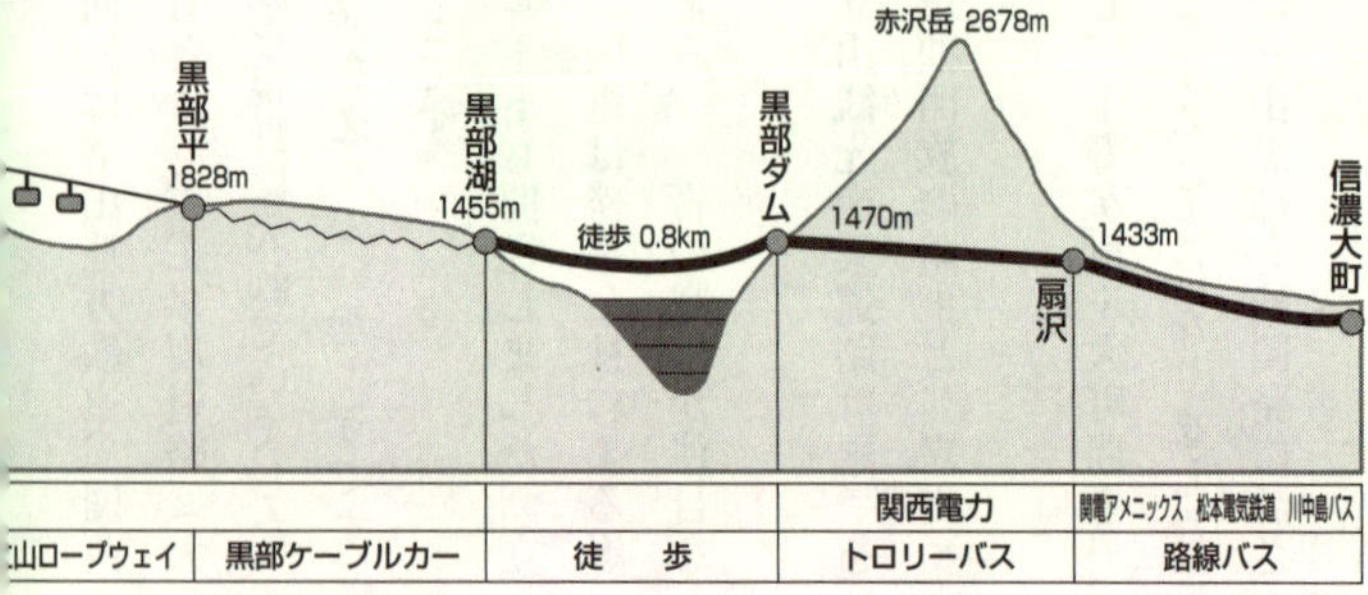

取った行動はすさまじかったことを記憶しています。最初から立山黒部有峰開発の設立に疑問を持ち、同社の動きに不審を抱いていた佐伯は、山田社長の遺志を継いで目的を実現したいという強烈な思いから、自ら同社の会長職に就いて一挙に現状打開を図ろうとしました。

結果的には一貫道路計画は先送りとし、立山トンネルの貫通とロープウェイ、地下ケーブルカーの3線方式でダム右岸と結ぶことになりました。

建設工事は誰がやるのか、資金調達はできるのか、幾多の難問を抱えていましたが、佐伯の立山貫通の強い信念と行動力で、昭和39年（1964）12月25日に立山黒部貫光が設立。同社が問題を克服し、事業を実現することになりました。"貫光"と名付けた理由は、こうした佐伯の長年胸に秘めた深い思いが表明されたものでしょう。新設された立山黒部貫光は、佐伯を社長とし、全国的視野に立つ役員構成と資本構成となりました。昭和40年（1965）から本格工

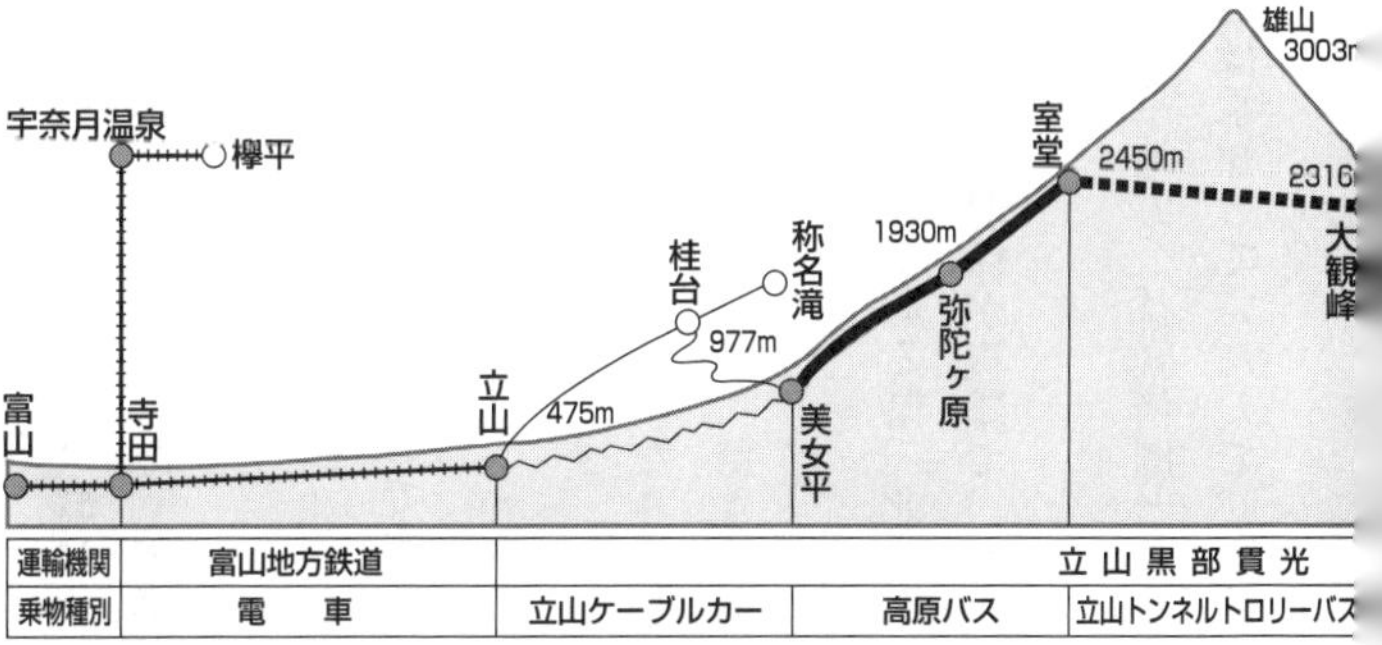

事に入りましたが、標高が高く、自然条件の厳しい環境であったので困難を極めました。特に立山トンネルにおける破砕帯との遭遇などもあって工事費は当初の3倍に膨れ上がりました。工事中の佐伯の心情はいかばかりであったか。そばにいる者として言葉がありませんでした。

着工から6年、工事は完了しました。佐伯は一言、「立山の神は私を救ってくれた」。昭和46年（1971）6月、晴れて立山・黒部アルペンルートが全線開通の日を見ることとなったのです。

多難だった資金調達（事業は人を実感）

昭和46年（1971）9月、佐伯の指示により、私は立山黒部貫光に出向することになりました。同社の企画調整部長の辞令をもらいました。佐伯からそれとなく聞いていたので、驚きはありませんでしたが、ためらいもありました。

立山黒部貫光は前身の立山黒部有峰開発の体制をおおむね継承し、出資母体である県、北陸電力、関西電力、立山開発鉄道などから役職員が集まった「多民族国家」。人間関係が複雑で、なかなか円滑に行かない面もあると聞いていました。

しかし、アルペンルートの構想と実現は、佐伯にとって「国土立体化や地方公益経済圏という政治的、経済的施策の一端を具体的に表現したものである」ことを私は承知していたので、同社に来た以上は信念にこたえるべく、与えられた仕事を粛々とやるしかないと心に決めました（なおその後、昭和54年10月に、立山黒部貫光と立山黒部有峰開発は合併します）。

私の上司は常務の秋山雄氏でした。秋山常務は日本開発銀行の出身で、経理や一般事務にも精通し、頭の回転が速い人でした。私は長い間、東京で佐伯の議員秘書や本書きの手伝いをしてきたため実務には極めて疎かったので、秋山常務に仕えたことは大変勉強になりました。

当面の課題は、ルートの基地となる室堂ターミナルの完成を目前にした体制整備と資金調達。大方のメドはついていたのに、銀行はいざとなると融資に慎重でした。

ルート最大の難所である室堂と黒部湖駅を結ぶ工事が、立山トンネルで数箇所の破砕帯に遭遇したことで工事費が大幅に増加したからです。ターミナル工事の資金貸出しに銀行が良い顔をせず、経理担当者はやきもきしていました。ターミナルは、標高２５００メートルの高地で積雪、気温、風力などさまざまな厳しい条件に耐えなくてはならず、建設費は当然割高となり、収支のバランスが懸念されたからでしょう。

結局、ターミナルビルの計画資料は私が中心となって作成したものだったので、銀行への説明を私がせねばならない羽目になりました。金を借りるとは、こんなにも大変なことかと思い知らされました。最終的にメドがつきましたが、佐伯が「事業というものは金ではない。人である。

事業の内容は人格の表現である。単なる数字合わせでは金は貸さない」と言っていたことを思い出し、佐伯の事業観の一端を体験しました。

雪の大谷（副産物が観光の目玉に）

昭和56年（1981）6月、私は立山黒部貫光の常務営業部長の職に就きました。その年の立山の観光客は84万2000人で、開業以来最低の入り込みでした。新聞には、「アルペンルートは飽きられたか」と報道され、営業部長としての責任は大きかったのです。

立山の観光開発の主目的は、長野県と富山県を貫通することにありますが、ルートが全通するのは、この年まで毎年5月15日でした。一方の長野県側は20日も早い4月25日には開通していました。何とか長野県側と同時開通にならないものか、創業の趣旨からもぜひ実現したいと強く思い、この一点のみに私は全てをかけました。

立山の高原道路は県道路公社の管理下にあり、粘り強い交渉を続けました。公社はもちろんのこと、県庁の土木部へも何度も陳情を繰り返しました。費用の増加分を会社が十分配慮するなど、覚悟を決めて知事にも陳情しました。

富山県は昭和58年（1983）が置県100年の年で、この年に「いきいき富山」の観光キャ

自然のすごさ、美しさこそが立山の誇るべき資源であり、豪雪もまたお客様に観ていただく貴重なものである（佐伯宗義）

ンペーンを官民挙げて展開する準備を進めている最中でした。タイミングが良かったのか知事の了承を得ることができ、除雪車の増強や作業体制強化の見通しがついたので、開業の目標を5月1日とし、15日間早めることになりました。

除雪の総指揮を取った公社の土肥行雄立山有料道路管理事務所長は、「除雪した道路が一夜で雪で埋まり、ブルドーザーまでオペレーターが行けなくなった。吹きざらしの運転室で寒さに耐えて除雪するオペレーターの苦労は大変なものであった」と述懐しています。

その後、開業は段階的に早まり、平成2年（1990）には4月25日となって長野県側と同時開通となりました。これが意外な観光価値を創造することになったのです。「雪の大谷」です。豪雪に挑む迫力ある除雪作業がテレビで放映され、多くの人の注目を集めました。

土肥所長は積極的に「雪の大谷」の一般開放を主張しました。社内でも同調する者がいましたが、私は安全性や環境問題などから賛成しかねました。

環境庁（現・環境省）は、立山の国立公園指定60周年の記念行事としてはどうかと勧めました。県や警察などの了解を得ることができたので、客の少ない日を選び万全の体制で、雪壁の間を人が歩くことができる「雪の大谷ウオーク」のスタートとなりました。今では立山観光の目玉ですが、実は早期開業が産んだ意外な副産物だったのです。

社長就任（創業者の教え受け継ぐ）

平成5年（1993）6月、立山黒部貫光と立山開発鉄道の4代目社長に就任することになりました（両社はその後、平成17年10月に合併します）。富山地方鉄道入社から42年目のことです。取締役会において選出されたものの、正直言って不安と責務の重大さが錯綜し、気持ちが落ち着くまで時間が必要でした。立山黒部貫光は佐伯の高い志と不屈の精神の結晶であり、県の観光行政の一翼を担う官民一体の会社で、その果たすべき責務と使命は大きいものがあります。

昭和56年（1981）8月に他界した佐伯は、自分の死を予期していたのか、私どもに「これはわしの遺書だ」と言って書き残した書類があります。それには、次のようなことが書いてありました。

立山の荘厳性、神秘性を守護し、自然環境の保護保全を最優先し、商業主義に走るな。
立山観光の最大の魅力は全国に例のない豪雪観光で年間営業を理想とし、極力早期開業に努めること。黒部峡谷や宇奈月温泉との連携を密にし、交通ネットワークの構築を図ること。アルペンルートは長野県や関西電力の理解と協力なくして効果が発揮できないことから、広域観光の視点に立って必ず足元から固めること。

多岐にわたり具体的に記述されていました。佐伯が残した理念と計画は代々継承されてきましたし、これからも引き継がれるでしょう。私は社長就任に当たり、佐伯の願望に少しでも応えることと、佐伯の理念を多くの社員に伝えていくことが務めであると自覚しました。

環境の保全（トロリーとハイブリッド）

立山の直下を走り、室堂と大観峰《だいかんぼう》を結ぶトンネルバスは軽油を燃料とし、最盛期には8台のバスがトンネルの中間部ですれ違いながら運転していました。輸送量の増加に比例して運転回数が多くなるにつれ、トンネル内には排ガスが充満し、決して快適ではありませんでした。

その対策について、私が副社長のときにいろいろ提案し検討しましたが、電気による無軌条電車（トロリーバス）の導入しかないとの結論に達しました。環境保全を優先する会社として20億円余りの多額な投資もやむを得ないと判断し、実現に向けて始動しました。

国内には関電トンネルにしかトロリーバスはなく、関西電力の協力を得ることが先決であり、関電の石川博志専務（後に社長）に事情を説明したところ、全面的に賛成され、協力を惜しまないとの返事を得ました。

早速、当時の運輸省や環境庁など関係省庁への認可手続きを経て工事着手となりました。設備の容量不足やら電圧変動の問題は関電、北陸電力、中部電力の３社の深い理解と協力で解決しました。トロリーバスは平成８年（１９９６）４月から運転を開始。これで、長野県大町市から室堂までの輸送施設がすべて電化されました。

美女平と標高２５００メートルの室堂を結ぶ23キロを走る高原道路沿いには貴重な立山スギやブナなどの優れた原生林や、高原植物の植生が見られます。自然環境保全の最も重要な地帯をバスが通過するので、強い風当たりがありました。自然を破壊し環境を乱す元凶とみられ、マスコミも大々的に報道し、記事を見るたびに心が痛みました。

昭和63年（１９８８）に環境庁の委託を受けて県が大型電気バスの走行テストをしました。結果は能力不足で実現には至りませんでした。県外で低公害バスが走行し、成果を上げているとは聞いていましたが、いずれも平地や低い山地。立山のように標高差があり、気象条件の厳しい所での走行は疑問視されていました。

自動車メーカーと交渉を進め、２４０馬力のハイブリッドの試作車が完成。美女平〜室堂間で公開試運転をしました。その時は馬力不足でうまくいきませんでしたが、その後は馬力がアップし、平成10年（１９９８）から本格的に導入をスタート。現在では40台のうち24台がハイブリッドバスです。平成11年（１９９９）の「みどりの日」、これらの実績で環境庁から表彰を受け、社員の意識高揚にもつながりました。

貫光の使命を全うして

平成7年（1995）は立山黒部貫光の設立30周年に当たりましたが、記念行事的なことはせず、その代わりに記念誌をつくって後に残す方がよいとの判断で、早速、作業にとりかかりました。創業者である佐伯は、立山の開発に寄せた熱い思いや「立山黒部貫光の誕生がいかに難産であったか。いずれその答えが出るであろう」とその胸の内を吐露していたので、単なる事業史ではなく、「事業は人がつくり、歴史は人がつくる」ことを編集の柱とし、1年半の歳月をかけて完成しました。

記念誌を読んでいただいた方の中から、「佐伯氏をはじめとして多くの方々の苦労や、表に出ていなかった開発の一端を初めて知った」ということを聞いたときは、うれしい思いをしました。

平成5年（1993）、社長に就任した時に私はすでに66歳であり、あまり先のことを考える余裕はありませんでした。入社早々に若造の分際で佐伯という人物に接し、立山の仕事に携わる機会を得ました。苦しいことや嫌なことも多々ありましたが、このことが私の人生観や経営観に大きな影響を与えたことは言うまでもありません。

佐伯の言い残したこと以外は「何もしない」ということを信条としましたが、わが半生を顧みて悔いなく過ごしたように思います。

注：本稿は北日本新聞に平成18年（２００６）３月22日から４月６日まで連載された「わが半生の記　金山秀治」より転載（一部略）したものです。

大観峰と黒部平を結び、ワンスパン式ロープウェイとしては日本一の長さ（全長1.7km）を誇る立山ロープウエイ

参考文献

寺田裕一「ローカル私鉄　光と風と大地と」鉄道ジャーナル第34巻第8号／平成12年～第36巻第5号／平成14年（連載）
鈴木文彦「鉄道各線の実態と問題を現地にみる」鉄道ジャーナル第34巻第2号／平成12年～第37巻第12号／　平成15年（連載）
川島令三「全国鉄道事情大研究」（草思社）／平成3年3月～平成16年8月
吉江一雄「鉄道ゼミナール」（吉井書店）／昭和58年10月
丹羽由一「ローカル線廃止と地域交通」日本開発銀行調査第89号／昭和60年12月
藤井弥太郎他「鉄道業界」（教育社）／平成3年11月
久保田博「鉄道車両ハンドブック」（グランプリ出版）／平成9年2月
望月真一・青木英明「欧州のLRT事情とまちづくり」交通工学第34巻第3号／平成11年
鉄道ジャーナル編集部「路面電車復権と近代化への道筋」第33巻第11号／平成11年
鈴木文彦「第三セクター化で再起を図る京福電気鉄道越前線」鉄道ジャーナル第36巻第6号／平成14年
佐藤信之「近年のローカル鉄道の動向について」鉄道ジャーナル第36巻7号／平成14年
川島令三「鉄道再生論」（中央書院）／平成14年8月
石井春夫「しなの鉄道の経営改革と新幹線並行在来線問題」運輸と経済　第62巻9号／平成14年
青木亮「第三セクター鉄道・万葉線成立までの歩み」運輸と経済　第62巻9号／平成14年
佐藤信之「整備新幹線並行在来線問題」鉄道ジャーナル第36巻10号／平成14年
市川嘉一「根付くかトランジットモール」日経地域情報　平成15年10月20日号
寺田裕一「私鉄廃線25」（JTBキャンブックス）／平成15年10月
島正範「路面電車を活かしたまちづくり」／運輸と経済　第64巻8号／平成16年
佐藤信之「地方の鉄道路線を支える」鉄道ジャーナル第38巻8号／平成16年

宇都宮浄人「路面電車ルネッサンス」新潮社2003年9月
佐藤信之「国の地方鉄道政策に対する方向性」運輸と経済　第64巻10号／平成16年
海津忠宏「鉄道を支える地域社会」運輸と経済　第65巻2号／平成17年
柚原誠「岐阜線　未完のまま消えたLRT」鉄道ピクトリアル第56巻第1号臨時増刊号／平成18年
宇都宮浄人「LRTをめぐる新たな展開」鉄道ジャーナル第40巻第4号／平成18年
NHK総合「ニュースウオッチ9　さよならふるさと銀河線・北の大地から最終列車を中継」平成18年4月20日放映
市川嘉一「地方鉄道再生へ広がる上下分離」日経グローカル平成17年7月
中原斉「近代化遺産としての若桜鉄道」「私たちを取り巻く歴史的環境」鳥取大学・鳥取県教育委員会2008
鈴木貴典「地方鉄道関係の補助制度について」国土交通省鉄道局財務課　2009年6月26日
青木亮「都市交通政策におけるトラムの評価」公営企業　2005年9月
野口満彦「三位一体で地域に根ざした鉄道をつくる」みんてつ2008夏号　日本民営鉄道協会
市川嘉一「脱クルマの世紀、今後の動きに注目」公営企業2009年5月
Railway Topics　鉄道ジャーナル（各月号）
大内孝也「連携と協働―より安全な鉄道を目指して―」三セク鉄道だより　第三セクター鉄道等協議会　2009年4月
市川嘉一「地方鉄道・公有民営で救済なるか」日本経済新聞　平成20年5月12日
「湊線に係る市民アンケート調査及び費用対効果分析の結果概要について」ひたちなか市企画課　平成19年9月7日
浅井康次「観光鉄道の現状について」運輸政策研究　2008年Summer号
「高尾山ガイドブック」高尾登山電鉄　平成11年10月発行・同社ホームページ
「日本唯一のトロリーバス」黒部ダムオフィシャルサイト　関西電力
金山秀治「わが半生の記」北日本新聞　平成18年3月27、28、29、31日、4月1、2、6日掲載分
「貫光」立山黒部貫光（株）グループ会社案内、パンフレット
「三セク鉄道だより」第27～30号／2008年4、10月、2009年4、10月　第三セクター鉄道等協議会

生方良雄「特殊鉄道とロープウェイ」交通研究協会　成山堂書店１９９５年
森五宏「トロリーバスが街を変える」（株）リック　２００１年
日本経済新聞記事　平成18年9月18日、21年12月16日、21年12月24日、22年2月3日付
朝日新聞記事　平成17年11月30日、18年4月24日付
「全国観光地観光客データブック」生活情報センター
「レジャーランド&レクパーク総覧」総合ユニコム
「国土交通白書」国土交通省編　ぎょうせい
「レジャー白書」社会経済生産性本部
「日本のバス事業」日本バス協会
「数字でみる鉄道」「数字でみる自動車」運輸政策研究機構
「地域経済総覧」東洋経済新報社
「民鉄／鉄道統計年報」「鉄道要覧」「自動車運送事業経営指標」「道路統計年報」
国土交通省、四国旅客鉄道、近畿日本鉄道ホームページ　ほか

あとがき

鉄道の廃止はなんと辛くて悲しいものなのか、私は平成14年の大晦日、実家のテレビで観た有田鉄道の廃止を生涯忘れることはないでしょう。それは経済的成功や社会的名声とは無縁の世界でひたすら奉仕に生きてきた〝真のプロフェッショナル〟の最期でした。道路事情から通学生の利便を優先し安易なバス転換を選択せず、樽見鉄道から譲り受けた中古の気動車を大切に扱い、月給わずか10万で最期まで鉄路を貫き通した〝鉄バカ〟の姿でした。

廃止の前日、私は翌年政投銀調査52号となる「地方民鉄の現状―輸送密度の相関分析―」の草稿を書き上げたところでした。その殆どを机上の計算作業で終え、尊い事業者や地域支援などの事例紹介は学術的評価が低いからと簡単・適当に纏めただけで、副題が示すように数字の分析で実績を残そうとする意図は明らかでした。ニュースを観て、廃止は平成15年秋の予定と聞いていたので驚きましたが、大晦日だというのに小さな2軸のレールバスには多くの人が群がっていました。そして惜しまれながら去りゆくその姿に、私は涙を流して自分を恥じたのです。

従前から公務で担当する業界や会社には常に好意的に接してはきましたが、有鉄の廃止以降、私は極端な鉄道存続派に転じました。しかしその後も、くりはら田園鉄道や鹿島鉄道など、個人的にも思い入れのあった路線が次々と過去帳入りしてしまいました。一研究者として微力にすらなれなかった自分にいらだちを感ずるときもありました。

存続を願って、これまで少なからず書き物を残し、また話もして参りましたが、はなはだ心情的な論調も多く論理的でなかったかも知れません。そのため本著においても、やや独走的な部分や他の業界・業種に対する配慮に欠ける表現もあろうかとは存じますが、ご容赦頂ければ幸いです。

浅井　康次

浅井　康次［あさいこうじ］
大阪府出身。京都大卒業後、開銀（現：日本政策投資銀行）入行。本店営業部や支店などで多くの地方鉄道の融資や審査に携わる。調査部参事役、設備投資研究所主任研究員、審査役などを経て現在、内部監査役。「ローカル線に明日はあるか」で平成17年度交通図書賞受賞。18年「論説地方交通」上梓。19年度総務省「路面電車事業の活性化に関する調査研究会」委員。21年度(財)運輸政策研究機構公共交通支援センター顧問などを歴任。

（協力）
第三セクター鉄道等協議会
　明知鉄道（株）今井祥一朗
　秋田内陸縦貫鉄道（株）竹村　寧
　土佐くろしお鉄道（株）立石光弘
　山形鉄道（株）野村浩志
　北近畿タンゴ鉄道（株）中島茂晴
立山黒部貫光（株）金山秀治

交通新聞社新書014
乗ろうよ！ ローカル線
貴重な資産を未来に伝えるために
(定価はカバーに表示してあります)

2010年4月15日　第1刷発行

著　者——浅井康次
発行者——山根昌也
発行所——株式会社 交通新聞社
http://www.kotsu.co.jp/
〒102-0083　東京都千代田区麹町6-6
電話　東京（03）5216-3220（編集部）
　　　東京（03）5216-3217（販売部）

印刷・製本—大日本印刷株式会社

ISBN978-4-330-13610-3

交通新聞社新書　好評既刊

元国鉄専務車掌で現役小学校教師の100講。
可愛い子には鉄道の旅を
6歳からのおとな講座
村山　茂／著
ISBN978-4-330-07209-8
鉄道は単なる移動手段であったり、マニア的興味の対象ばかりでなく、子どもたちの成長に多大な効果をもたらす「教材」でもある。鉄道の旅の楽しさの中での社会体験教育を説く。

かつて北海道に存在した「幻の鉄道」を自転車で踏破！
幻の北海道殖民軌道を訪ねる
還暦サラリーマン北の大地でペダルを漕ぐ
田沼建治／著
ISBN978-4-330-07309-5
その昔、北海道開拓のために敷設され、昭和47年に完全に姿を消した特殊な交通機関の痕跡を、わずかな手がかりをもとに自転車でたどった驚きと新発見のスーパー廃線紀行。

古今東西32人の映画監督が使った駅の姿とは。
シネマの名匠と旅する「駅」
映画の中の駅と鉄道を見る
臼井幸彦／著
ISBN978-4-330-07409-2
駅のそもそもの機能と同時に存在する、日々刻々そこに集まり、通り過ぎる人々の人生の場所、また、日常と非日常とが様々に交錯する舞台装置としての場所を、映画の名作から読み取る。

懐かしきそれぞれの時代を記憶の中に永久保存。
ニッポン鉄道遺産
列車に栓抜きがあった頃
斉木実・米屋浩二／著
ISBN978-4-330-07509-9
明治以来国家の近代化とともに発展してきたわが国の鉄道。今、われわれの記憶の中からも消えようとしているかつての施設、設備、車両などを、「鉄道遺産」として一冊に保存。

オンリーワンの鉄道の国スイスと日本。
時刻表に見るスイスの鉄道
こんなに違う日本とスイス
大内雅博／著
ISBN978-4-330-07609-6
独自の思想やシステムにもとづいたスイスの鉄道運営のありようを、現地の時刻表を通して紹介するとともに、日本の鉄道のもつ条件や問題点を、比較的な視点から検証する。

車両デザインが地域を変える！
水戸岡鋭治の「正しい」鉄道デザイン
私はなぜ九州新幹線に金箔を貼ったのか？
水戸岡鋭治／著
ISBN978-4-330-08709-2
JR九州の新幹線・特急車両のデザインを中心に常に話題作を発表し続けてきたデザイナー・水戸岡鋭治。そのデザイン思想の原点にあるのは何か？　具体的な個々の「仕事」を通して展望する。

読む・知る・楽しむ鉄道の世界。

戦後復興期から昭和の終焉まで。
昭和の車掌奮闘記
列車の中の昭和ニッポン史

坂本　衛／著

ISBN978-4-330-08809-9

昭和28年に国鉄に入社し、昭和62年に退職するまで「一車掌」として働き続けた著者による列車の中の昭和史。戦後復興期から高度経済成長時代を経て昭和の終焉へと至る時代の貴重な体験記録。

ジャパニーズ・ドリーム―受け継がれた「夢」。
ゼロ戦から夢の超特急
小田急SE車世界新記録誕生秘話

青田　孝／著

ISBN978-4-330-10509-3

1957（昭和32）年、狭軌鉄道としては世界最速を記録した小田急のSE車。その製作には戦前の世界最先端の航空機製造技術が関わっていた。そしてそれが、今日の新幹線を生み出すことになる。

知られざるバックステージ―新幹線「納品」の真実。
新幹線、国道1号を走る
N700系陸送を支える男達の哲学

梅原淳・東良美季／著

ISBN978-4-330-10109-5

工場で造られた新幹線の車両は、一体どのようにしてJRに「納品」されるのか。実は、夜間一般道を利用して、1両ごとにトレーラーで運ばれているのだ。その陸送プロセスの一部始終をレポート。

美味しい旅の香り―走るレストラン誕生から今日まで。
食堂車乗務員物語
あの頃、ご飯は石炭レンジで炊いていた

宇都宮照信／著

ISBN978-4-330-11009-7

今では一部の列車のみに残る食堂車。本書は、その食堂車の全盛期に乗務をしていた著者による体験談、歴史秘話。読み進めるうちに、思い出の車窓風景や懐かしのメニューがよみがえる。

松本清張生誕100年―その作品と鉄道。
「清張」を乗る
昭和30年代の鉄道シーンを探して

岡村　直樹／著

ISBN978-4-330-11109-4

日本における社会派推理小説の先駆けとなったベストセラー『点と線』が発表されたのが昭和33年。本書は、当時の世相を反映した松本清張全作品から、鉄道シーンを一挙に再読する試み。

山形新幹線のカリスマ・アテンダントに密着取材。
「つばさ」アテンダント驚きの車販テク
3秒で売る山形新幹線の女子力

松尾　裕美／著

ISBN978-4-330-12210-6

山形新幹線「つばさ」に乗務し、車内販売を担当するカリスマ・アテンダントがいる。限られた時間と空間の中で、いかにワンランク上の売上げを確保するのか？　取材を通じて見えてきたのは。